民國 新昌縣志 4

紹興大典 史部

中華書局

新昌縣志卷十五

藝文

經

易論 乾隆府志石牧之撰 萬歷府志作易論解

周易解 乾隆府志石鏊撰見朱子石子重墓誌

周易說五卷 會稽續志黄度著字文叔 欽定四庫書目作七卷

易審問八卷 乾隆府志俞浙撰字季淵

周易注解 萬歷府志丁徵著字允中

易箋 萬歷府志呂光洵著

周易詮解融貫 康熙志呂和朝著

壁經宗旨兩浙名賢錄呂沖之著

書說七卷宋史藝文志黃度撰書錄解題同寶慶會稽續志作二十卷

書審問十卷乾隆府志俞浙著

蔡傳說意經義考俞時及撰

尚書三問天文易知錄康熙志王應祥著

述尚書註康熙志呂斯盛著

尚書指南康熙志明呂和鼎著

詩說三十卷宋史藝文志黃度撰

詩審問十卷乾隆府志俞浙撰

毛詩注解萬歷府志丁徵撰

詩箋萬歷府志呂光洵撰

春秋類例十二卷宋史藝文志石公孺撰

左傳約說一卷百論一卷書錄解題新昌石朝英撰又有王道辨一書未行

春秋編十卷正朔考三卷乾隆府志俞浙撰

春秋要旨康熙志明呂光演著

周禮五官說五卷內閣書目宋紹熙間新昌黃文叔度撰亦見宋史藝文志

禮記審問十二卷乾隆府志俞浙撰

禮記疏解乾隆府志呂不用撰

孝經審問幷外傳十二卷乾隆府志俞浙撰

律呂新書衍義一卷文獻通考呂夏音大昭撰新昌人雍正丙午舉人官知縣

大學解 萬歷府志 宋石墪撰

中庸集解二卷 四庫提要

中庸輯畧 評本言與上本一種詳本傳

四庫提要著錄曰宋石墪編朱子刪定墪輯是編斷自周子二程子張子而益以呂大臨謝良佐游酢楊時侯仲良尹焞諸說初名集解乾道癸巳朱子爲作序極稱其謹密詳審越十有六年淳熙己酉朱子作中庸章句因重爲刪定更名輯畧而仍以集解原序冠其首觀朱子中庸章句自序云既定著章句一篇以俟後之君子而一二同志復取石氏書刪其繁亂名以輯畧且別爲或問以附其後云云據此則是編及或問皆當與中庸章句合爲一書其後章句孤行而是編漸晦明嘉靖中御史新昌呂信卿始從唐順之得宋槧舊本刻之毘陵凡先儒論說見於或問所駁者多所芟節如第九章游氏以舜爲絕學無爲之說楊氏有能始有爲之說第十一章游氏離人立於獨未發有念之說多從刪薙不復存說於此書至如第一章內所引程子答蘇季明之次章或問亦力斥其紀錄失愼而原文乃仍載書中或爲失於刊削或爲別有取義則其故不可得而詳矣

四書講義 萬歷府志明丁徵撰洪武時人

四書定說分省人物考呂獻著字丕文

大學古本就正錄康熙志明俞時及著

四書直講康熙志明呂和鼎著

太學條貫原并附易解詩說論語合參圖書講義等類章爚著

學庸彙正庠生潘鋆著

中庸隙觀二卷潘一水著詳本傳

說經三傳周禮爲詳陳金鑑著

經義粹陳暄著

史

藝祖憲鑑三卷仁皇從諫錄三卷宋史藝文志黃度撰

諫史一百卷宋史藝文志石待問撰

奏議雜著一卷會稽續志黃度撰

諸史決疑

史通續文獻通考宋黃度撰

臺省因話錄一卷書錄解題石公弼撰

柏臺雜著一卷書錄解題石公弼撰

歷代邊防六卷屯田便宜一卷會稽續志黃度撰

往生錄乾隆府志石牧之臨終手疏十五事門人葉經敘其始末題曰往生錄

桂山小錄乾隆府志宋隱士石公孺所行義事門人纂輯成編

黃度三朝言行錄萬歷府志元黃奇孫輯字行素度曾孫也

元史正要萬歷府志呂光洵撰

通鑑類編乾隆府志明呂玉涵撰

五山奏疏萬歷府志何鑑撰

皆山堂奏稿七卷黄氏書目呂光洵撰萬歷府志又有三巡奏議

張氏宗譜乾隆府志宋張㙮撰

俞氏家乘乾隆府志集其累世志銘誥勅及名人贈送詩文

俞氏族譜乾隆府志俞鎔撰字元治

姓源珠璣六卷明史藝文志楊信民撰

古姓韻編黄氏書目俞應哲撰

剡東錄成化志宋人俞瑞公美著其弟監察御史公浙誌之曰兄病鄉邑無志著剡東錄未及鋟梓兵火喪之

新昌縣志卷十五

新昌志一卷　宋史藝文志梁希夷撰

新昌志十六卷　浙江通志成化丁酉邑令李楫訓導莫旦纂萬歷府志呂光洵謂其敘述詳而乏體要張元忭曰其書俚甚學究筆也

新昌縣志十三卷　萬歷府志萬歷七年知縣田琯重修諸生採訪者三十六人而張元益呂繼儒相詮次焉呂尚書光洵爲總裁人物傳大抵出呂手第言石氏義塾延明道爲師而文韓杜呂皆出其門則誕甚矣

新昌縣志十八卷　浙江通志康熙辛亥知縣劉作樑邑人呂曾枏等修

南明錄　成化志宋俞瑞公美著今不存

南明志　成化志元黄奇孫著縣尹徐某序

吳興志　乾隆府志呂繼儒撰

東岇志畧　浙江通志鄞人聞性道天𨢬纂

邑誌山川考古錄沃洲古蹟圖序　志稿陳宁燮著字建侯

通鑑長編七卷陳謨著有傳浙江書局本

廿一史通俗演義呂撫撰

平寇錄序張相著由象山志補

子

西銘注成化志俞浙撰

離騷審問九歌九辨審問十卷成化志俞浙撰

西銘解兩浙名賢錄王夢龍撰字慶翔

讀書錄元詩選潘音撰

心學淵源兩浙名賢錄俞長孺撰字觀光

從吾心說萬歷府志丁徵撰

草亭愚辨萬歷府志胡楨撰字用良

一書四卷浙江通志俞邦時撰浙江採輯遺書錄推衍太極一元之義故名凡十四傳共三百六十六章

學通十纂乾隆府志呂繼儒撰

莊子注黃氏書目呂繼儒撰字明谷

呂氏筆奕八卷浙江採集遺書錄明訓導呂曾見撰雜論經史中故實

性理解疑天地本原圖萬歷志明呂宗信字廷立撰

識字記百卷潘志省撰

道統管窺陳應奎撰

存心圖說志朱錄董茂醇撰

滎明集指掌圖說陳大昌撰

入媵字義管語奇字摘解呂繼鰲撰以上均原志

聖學天地天文地理帝王三才一貫義經皇極經學正修天人變化百忍樂天年譜等圖志稿呂撫著

勘蟫雜著余以鎬著

籛夢記余伯仁著

集

永嘉唱二十卷成化志石牧之著字聖咨萬歷府志雜文歌咏七卷

石仙居文集二十卷詩集十卷成化志石衍之著字克美

克齋文集十卷成化志石鏊著

沃洲雜詠成化志呂大亨著字聲之

南明稿十二卷萬歷府志呂秉南著字景陽或作五山稿

遁翁稿成化志石余亨著字成己

畏齋稿成化志張亹著字思勤

杜詩舉隅十卷成化志俞浙著宋濂序

韓文舉隅十二卷萬歷府志俞浙撰

待清軒遺稿萬歷府志潘音著字聲甫元詩選嘉靖間七世孫日升搜輯并讀書錄刻之

愛齋稿乾隆府志楊居字溫如著見宋濂楊府君墓銘

蚓鳴集成化志元隱士黃奇孫字行素著

櫟泉文集雞肋詩集成化志丁若水字詠道著

董氏雪溪遺音成化志雪溪董氏名魯者有約齋稿名旭者有南明稿名性傳者有宦遊稿名日初者有西山樵唱名荊者有翠微漫稿字宗樵者

有煙林獨唱及元季明初名人贈送慶弔之作總名謂雪溪遺音洪武丁丑臨安董鵬爲序

俞文遂詩文集成化志張文潛序

小小齋詩稿成化志呂升字德升著

得月稿六卷百川書志南明石鼓聾者呂不用著新昌主簿曾彥序

牧坡稿力田稿萬歷府志呂不用著

介石稿成化志章衡民著

翠微漫稿成化志董荊字宗楚著

南莊詩稿成化志隱士章文華著

耕讀稿成化志章廷端一名廷瑞字信臣著

隨寓稿成化志俞壽字本初著

董晉詩集天姥山賦萬歷府志董晉字貫道著

康山詩集成化志丁義字宜民著

東陵文集分省人物考丁川字大容著甲申進士

與齋稿成化志徐志文字大華著甲申進士

五山吟稿萬歷府志何鑑字世光著己丑進士

東溪集成化志潘律字孔聲著

甲軒稿一卷使交稿一卷兩浙名賢録呂獻字丕文著甲辰進士

皇華集內外臺集湖南集湖湘集新齋稿萬歷府志俞振才字仲才著乙未進士

西行贅録隨筆録中州巡稿奏議雜稿旗峯詩文集萬歷府志俞集字汝成著辛未進士

皆山堂集皆可園詩抄呂光洵撰

進齋集十卷呂宗信著

貞靜集四卷潘日升著

魯翁稿呂廷圭著

北遊集東軒稿甄圭著

芝山稿呂世良著

南遊稿歸田錄甄完著

恥齋集呂昌著

一紘集俞應上以萬歷志

新安寓橐蒙泉集俞時及著

萬峯稿二十卷呂該著

衡門吟陳應奎著

棠洲稿呂光泌著

善堂詩稿俞樸著

獅山適意稿俞黯著

借月軒集呂光演著

石城小徑稿呂詢著

太平雅韻

芸窗隨筆

縣圃積玉

採芝吟
墨莊漫錄呂永國著　按與四庫書目同名異本詳本傳
半閒集十二卷陳徵著邑令毛震薛文易爲之序
來靑樓文集十卷談餘四卷呂斯盛著
來靑樓稿欲餘集呂應岳著
西園文集呂和鼎著
省庵集章兼著
牧隱集呂雍著
翠微集俞則全著
來滁漫咏堅匏瑣言呂新周著

風萍集宦游草呂繼櫰著

容庵集潘沐著

梅軒集呂鼐著

蛩鳴集吳楚游草呂繼鰲著以上原志

希有集宋俞西秀著佚其名由陳本堂集增

自怡堂稿忠義錄諸生陳聚奎字星漢著

止軒文集詩集近集館課使豫章草陳捷著字止軒

五馬山樓詩文集陳金鑑著有傳

北征詩鈔燼餘存稿退思堂雜著俞汝本字農秋著

惜分陰齋詩稿俞汝本著已刻

聽秋聲館詩鈔俞汝本著

駢體文集一葉舟詩課芝吟館詩集陳宁燮字建侯著

鋤經書塾文稿駕鼇山莊詩集陳寀燮字建尹著

南厓詩集十二卷陳承然著敬字可

環翠軒稿邑人張得僑著已刻

覆甕詩鈔呂青芝著

看奕堂潘微著

勘蟫書屋詩鈔一卷余以鐔著

彩烟山詩草

北游草以上均楊世植著

時愚存草陳象著

祇自怡齋詩文存各一卷俞觀旭著字曉山

新昌縣志卷十六

金石

晉

棧鐘銘

郭璞傳元帝爲晉王（按剡錄作瑯琊王誤）使璞筮遇豫之睽璞曰會稽當出鐘以告成功上有勒銘應在人家井泥中得之繇辭所謂先王以作樂崇德殷薦之上帝者也及帝卽位大興初會稽剡縣人果於井中得一鐘長七寸二分口徑四寸半上有古文奇書十八字云會稽嶽命（按古今圖書集成職方典新刻剡錄嵊新舊縣志皆作徽命金鑑家藏宋本九行十六字晉書作嶽命復對揚州文匯閣杭州文瀾閣抄藏剡錄亦皆作嶽命因從之）餘字時人莫識之璞曰蓋王者之作必有

靈符塞天人之心與人物合契然後可以言受命矣觀五鐸啟號於晉陵（本傳晉陵武進縣人於田中得銅鐸五枚）棧鐘告成於會稽瑞不失類出皆以方豈不偉哉若夫鐸發其響鐘徵其象器以數臻事以實應天人之際不可不察（晉書）鐘井在新昌縣東三十里其地名鐘井村患痢及腹痛者飲之即愈（古今圖書集成職方典九百八十六）鐘井通剡四明山外繞大溪（吳虎臣漫錄）

清邑人陳承然歌

五馬南來飛渡江江風吹浪龍回翔會稽有鐘井底出靈符應在瑯琊王此鐘不作蒲牢吼井泥剝蝕如緘藏臣璞筮之占瑞應果然剡縣流奇光鐫其上者十八字徽命五字辨微

莖口徑四寸五分數鐘身七寸二分長斑爛古色周秦上謂告成功晉祚昌如此神物當時重商彝夏鼎同銷亡區區一鐘亦何有使我懷古情悲傷嗚呼逵琴與邕笛音沉響絶酣風霜柯亭竹椽剡溪棹古蹟至今皆蒼涼何况徽命鐘爲晉時物可憐典午山川空夕陽

梁

建安王造剡山石城寺石像碑 碑佚 明刻石亦碎

夫道源虚寂冥機通其感神理幽深玄匠思其契是以四海將寧先集威鳳之寶九河方導已致應龍之書况種智圓照等覺徧知揚萬方於大千攜億形於法界當其靈起攝誘之權影現

游戲之力可勝言哉自優曇發華而金姿誕膺娑羅變葉而塔像代興月喻論其跡隱鏡譬辨其常照所以刻香望烟而目移畫木趣井而懸峙金剛泛海而遴集石儀浮滬以遙渡並造由人功而瑞表人力形器之妙猶或至此法身之極庸詎可思觀夫石城初立靈證發於草創彌勒建像聖驗顯乎鐫刻原始要終莫非禎瑞剡山峻絕競爽嵩華澗崖燭銀岫巘蘊玉故六通之聖地八輩之奧宇始有曇光比丘雅修遠離與晉世于蘭同時並學蘭以慧解馳聲光以禪味消影歷遊巖壑晚屆剡山遇見石室班荆宴坐始有雕虎造前次有丹蟒依足各受三皈茲即引去後見山祇盛飾造帶訏談光說以苦諦神奉以崖窟遂

結伽藍是名隱嶽後蘭公創寺號曰元化茲密邇石城而拱木高阻伯鸞所未窺子平所不值似石橋之天斷猶桃源之地絕荒茫以來莫測年代金剛欲基斯路自啟野人伐木始通山蹊翦棘藝麻忽聞空響此是佛地不可種植心悟神封震驚而止又光公禪室身屬東巖常聞絃管韻動霄漢流五結之妙聲凝九奏之清響由是茲山號爲天樂至齊永明四年有僧護比丘刻意苦節戒品嚴淨進力堅猛來憩隱嶽游觀石城見其南駢兩峰北疊峻崿東竦圓岑西引斜嶺四嶂相銜巒如鷲嶽曲澗微轉渙若龍池加以削成青壁當於前巘天誘其衷神啟其慮心畫目準願造彌勒敬擬千尺故坐十丈於是擎鑪振鐸四衆

爰始胥宇命曰石城遂輔車兩寺鼎足而處克勤心力允集勸助踈鑿積年僅成面璞此外則碩樹朦朧巨藤交梗後原燎及岡林焚見石有自然相光正環像上兩際圓滿高⿰谷炎峯鋭勢超匠楷功踰琢磨法俗咸竦心驚觀僉曰冥造非今朝也自護公神遷事異人謝次有僧淑比丘纂修厥緒雖劬勞招獎夙夜匪懈而運屬齊末資力莫由千里廢其積跬百仞虧其覆簣暨我大梁受歷道鑄域中秉玉衡而齊七政協金輪而教十善地平天成禮被樂洽瞻行衢而交讓巡比屋其可封慈化穆以風動慧教渙以景燭般若熾於香城表刹嚴於淨土希有之端旦夕鱗集難値之寶歲時輻輳鎭南將軍江州刺史建安王道性自

凝神理獨照動容立禮發言成德英風峻於間平茂績盛乎魯衛自皇運維新宣力邦國初鎮樊沔遷牧派江酌寶樹聲鞅掌於民政率典頒職密勿於官府炎涼舛和爰動勞熱寢味貶常興居睽豫仁深祚遠德滿慶鍾乘茲久禱之福將致勿藥之喜所以休正元會妙應傍通有始豐縣令吳郡陸咸以天監六年十月二十二日罷邑旋國夕宿剡溪値風雨晦冥驚湍奔壯中夜震惕假寢危坐忽夢沙門三人乘流告曰君識性堅正自然安穩建安王感患未痊由於微障剡縣僧護造彌勒石像若能成就必獲康復冥禮非虛宜相開導咸還都經年稍忘前夢後出門遇僧云聽講寄宿因言去歲剡溪風雨之夜囑建安王事

猶憶此否咸當時憮然答以不憶道人笑曰但更思之仍卽辭去不肯留止心悟非凡倒屣諮訪而慢色頗形詭辭難領拂衣高迎直去靡回百步追及忽然不見咸霍爾意解且憶前夢迺剡溪所見第三人也再顯靈機重發神證緣感昭灼遂用騰啟君王智境邈羣法忍超絕邁優曇之至心踰波斯之建善滄瑞言於羣聖膺福履於大覺倍增懇到會益喜捨乃開藏寫貝傾邸散金裝嚴法身誓取妙極以定林上寺祐律師德熾釋門名蓋淨衆虛心宏道忘己濟物加以貞鑒特達研慮精深迺延請東行憑委經始爰至啟敕專任像事律師應法若流宣化如渴揚船浙水馳錫禹山於是捫虛梯漢構立棧道狀奇肱之飛車

類仙腹之懸閣高張圖範冠彩虹蜺榷鑿響於霞上剖石灑乎雲表命世之壯觀曠代之鴻作也初護公所鐫失在浮淺迺鏟入五丈改造頂髻事雖因舊功實創新及巖窟既通律師重履方精成像軀妙量尺度時寺僧慧逞夢黑衣大神翼從風雨立於龕側商畧分數是夜將旦大風果起拔本十圍壓壞匠屋師役數十安寢無傷比及詰朝而律師已至靈應之奇類皆如此既而謀猷四八之相斟酌八十之好雖羅漢之三觀兜率梵摩之再覘法身無以加也尋巖壁縝密表裏一體同影岫之縹章均帝石之驄色內無寸隙外靡纖瑕雕刻石掌忽然橫絕改斷下分始合折中方知自斷之異神匠所裁也及身相克成瑩拭

已定當胸卍字信宿隆起色似飛丹圓如直璧感通之妙孰可思議天工人巧幽顯符合故光啟寶儀發揮聖相磨礲之術既極繪事之藝方騁棄俗圖於史皇追法畫於波塞青雘與丹砂競彩白鋈共紫銑爭耀從容滿月之色赫奕聚日之輝至於頂禮叩虔磬折肅望如須彌之臨大海梵宮之跱上天設法視笑似不違於咫尺動地放光若將發於俄頃可使曼陁逆風而獻芬旃檀隨雲而散馥梵王四鵠徘徊而不去帝釋千馬躑躅而忘歸矣初隱嶽未開野絕人逕及光公馴虎時方雨雪導跡汚塗始通西路又東巖盤鬱千里聯嶂有石牛屆止至自始豐因其蹄涔遂啟東道尋石牛通險不資蜀丁之力文虎標徑無待

漢守之威豈四天驅道爲像拓境者歟以大梁天監十有二年歲次鶉尾二月十二日開鑿爰始到十有五年龍集涒灘三月十五日妝畫云畢像身坐高五丈若立形足至頂十丈圓光四丈座輪一丈五尺從地隨龕光𦦨通高十丈自涅槃已後一百餘年摩竭提國始製石像阿育輪王善容羅漢檢其所造各止丈六鴻姿巨相興我皇時自非君王願力之至如來道應之深豈能成不世之寶建無等之業哉竊惟慈氏鼎來拯斯忍刹惟我聖運福慧相符固知翅城契合於今晨龍華匪隔於來世四藏寶奇可蹻足而蹴三會甘露可洗心而待睿王妙慶現聖果於極樂十方翾動蒙法緣而等度矣思柱石於天梯想靈碑於

地塔樹玆紺碣銘爲勝幢金剛既共比堅鐵圍可與共久式奉
偈讚仍作頌曰法身靡靡覺號惟億百非絕名萬行焉測羣萌
殊感聖應分極釋尊隱化慈氏現力敻哉結緣邈矣來際求名
受別無垢立誓凝神寂天降胎忍世七稷厥田八萬伊歲夷荊
沈礫飛花散寶夜燎明星曉漩翠草一音闡法三會入道府豈
虛植緣因人造曰梁啟聖皇實世雄紺殿等化赤澤均風慈徧
羣有智周太空攝取嚴淨匡飾域中英英哲王德昭珪璧樂善
以居禮仁是宅慧動眞應福交瑞跡儀彼旃檀像玆寶石五仞
其廣八尺其袤金顏日輝紺螺雲覆頻果欲言鵝綱將授調御
誰遠卽心可覩耆闍五峯玆嶽四領綠篠織烟朱桂鏤影泉來

石嘯風去巖淨梵釋爰集龍神載騁至因已樹上果方凝妙志何取總駕大乘願若有質虛空弗勝刹塵斯仰邈刧永承中書舍人劉勰製

在新昌縣西南五里寶相寺今石像猶在嘉泰會稽志云齊永明中僧護鑿石造彌勒像建寺號石城至梁天監十二年像始成身高百尺劉勰作記其畧云大梁天監十有二年歲次鶉尾二月十二日開鑿爰始到十有五年龍集涒灘三月十五日粧畫云畢像身坐高五丈若立形自足至頂十丈圓光四丈座輪一丈五尺從地隨龕光燄通高十丈乾隆府志

按元刻今未見搨本淵鑑類函所引節其前段已差異四字

自此未聞翻刻至清嘉慶年間涂鴻占眞書又燬于髮匪碎裂之石堆置牆陰流傳亦少元刻更可知附識以俟攷

天姥山石壁題字

天姥山石壁上有題字科斗形高不可識萬歷志

沃洲山巖題字

沃洲山高五百餘丈圍十里與天姥山對峙有石封門題字巖晉代名人多聚於此田志 今沕入溪宋進士石余亨詩曰前輩高風不可追自來陵谷互推移却憐當日題名者不及征南辨雨碑劉志 沃洲山水奇絕有題字巖吳虎臣漫錄 沃洲山晉白道猷法深支遁皆居之戴許王謝十八人與之遊號爲勝會亦白蓮社之

比也古今圖書集成

唐

沃洲山禪院記太和三年

白居易撰　沃洲山在剡縣南三十里禪院在沃洲山之陽天姥岑之陰南對天台而華頂赤城列焉北對四明而金庭石鼓介焉西北有支遁嶺而養馬坡放鶴峯次焉東南有石橋溪溪出天台石橋因名焉其餘卑巖小泉如子孫之從父祖者不可勝數東南山水越爲首剡爲面沃洲天姥爲眉目夫有非常之境然後有非常之人棲焉晉宋以來因山開洞厥初有羅漢僧西天竺人白道猷居焉次有高僧竺法潛支道林居焉次有乾

興淵支道開威蘊宗實光識斐藏濟度逞印凡十八僧居焉高士名人有戴逵王洽劉恢許元度殷融郗超孫綽桓彥表王敬仁何次道王文度謝長霞袁彥伯王蒙衛玠謝萬石蔡叔子王羲之凡十八人或遊焉或止焉故道猷詩云連峯數十里修竹帶平津茅茨隱不見鷄鳴知有人謝靈運詩云暝投剡中宿明登天姥岑高高入雲霓安期還可尋蓋人與山相得於一時也自齊至唐茲山寖荒靈境寂寥罕有人遊故詞人朱放詩云月在沃洲山上人歸剡縣江邊劉長卿詩云何人住沃洲此皆愛而不到者也太和二年春有頭陀僧白寂然來遊茲山見道猷支竺遺蹟泉石盡在依依然如歸故鄉戀不能去時浙東廉使

元相國聞之始爲卜築次廉使陸中丞知之助其繕完三年而禪院成五年而佛事立正殿若干間齋堂若干間僧舍若干間夏臘之僧歲不下八九十人安居遊觀之外日與寂然討論心要振起禪風白黑之徒附而化者甚衆嗟乎支竺殁而佛聲寢靈山廢而法不作後數百歲而寂然繼之豈非時有待而化有緣耶六年夏寂然遣門徒僧常贇自剡抵洛持書與圖請從叔樂天乞爲禪院記昔道猷肇開兹山後寂然嗣興兹山今樂天又垂文兹山異乎哉沃洲山與白氏其世有緣乎與長慶集字句不同有六則

按此記在唐又爲眞覺寺碑天下金石志謂在新昌縣治府志亦稱白撰即此記與本集又歧異意必前爲禪院而後爲

寺或前卽此寺而後改爲院均未可知抑在唐已有重刻本祠無攷至宋理宗嘉熙四年宣教郎知紹興府新昌縣主管勸農公事兼弓手寨兵軍正借緋丁璹隸書又改其名曰沃洲山記乾隆省志登之是爲宋刻本至土人相傳後爲寺僧所毁棄庋置牆陰迄今亦未見搨本惟存三白堂字額爲莊同生書遒勁有法亦未知其藉也

吳越錢忠懿王詩刻漢天福十二年

在縣西南五里寶相寺壁間嘉泰會稽志云丁未歲仲冬自丹邱歸國至南明山禮瑞像因書二十八字熙寧間刻石丁未歲乃漢高祖天福之十二年也乾隆省志

按此二十八字今亦未見原文語意係由初次朝漢回史未詳其事衰氣已見當不無感觸世或以其先武肅一律充之無論繆不能詩且時代未合顯爲贋托省志謂熙寧年間刻石則在宋神宗時相距已一百二十年當系其後人補刊更有所諱言省志當亦未見原刻

宋新昌建學碑記紹興十四年詳學宫門

在縣學宫内紹興辛巳知紹興府主管學事林安宅記虞似良書作隸體乾隆省志

義役記原文缺

寶祐五年三月慶元司戶葛炳奎記成化志

義阡記詳建置義塚門

咸淳七年七月慶元府司戶參軍葛炳奎記成化志

千佛院題名記

齊永明中建佛塔晉開運三年趙仁爽重修上有宋咸淳九年邑中鄉薦題名宋大中祥符中改七寶院明洪武十五年復名千佛院萬歷志

謝在抒佛塔題名記

癸酉歲會稽八邑魁鄉薦登賢書者莫南明盛臘月三日揖髦俊燕鹿鳴是日皆衣冠鏘濟頭角崢嶸蹐彼公堂酌彼兕觥於以陳勸駕之章於以餞春官之裝既宴遂題名於古塔將相期

於萃三魁之美而近天子之光也時同寅陪集者嚴陵徐德馨貿山戴嘉㩦李孫謀猷古杭俞應簽南宮上客三十有四人書者各以齒序天台謝在抒記

南明山三大字碑

在寶相寺米芾書乾隆省志今尚在

面壁　在寶相寺前米芾書

天柱屹然　碑在隱嶽洞西濯纓亭左巉巖壁立上有此四字相傳爲朱紫陽書欵識剝落眞贋莫辨旁得生刻石三小字明俞應星亦嘗於洞前鑿小池疊石爲山并築精舍數楹其人素豪邁善書因疑生字爲星字之半或卽星補書云增

壁立萬仞　在大佛寺內爲劉廷□所書未知何時人近爲逍遥樓所掩增

宣尉師行狀今佚

在南巖寺中散大夫荆州刺史李邕撰并書原志

吳府君廟碑詳壇廟門

在二十一都神名元之仕唐守越後居剡西今爲永福鄉既歿葬於上黃院有斷碑文曰惟公有大臣之量君子之風鎮地山河助天星象雲飛煙水空散月珠餘皆殘蝕萬歷志

石氏所刻歷代名帖

周穆王吉日癸巳　蔡邕石經遺字

鍾繇力命表今本存

鍾繇墓田丙舍帖今本加右軍臨三字

王右軍蘭亭記

黄庭經遺字

海字樂毅論

東方先生畫像贊今本存

獻之十三行洛神賦

晉賢書曹娥碑

集正書筆陣圖

歐陽詢書心經今本存

玉枕尊勝呪今本存

褚遂良度人經今本存

虞世南破邪論序

顏魯公寒食帖

顏魯公論坐位帖

顏魯公祭伯父文

顏魯公祭姪文

顏魯公馬伏波帖

顏魯公鹿脯帖

柳公權清淨經今本加一常字

柳公權消災經　柳公權泥甚帖

白樂天詩簡

右石氏帖目見寶刻叢編世所稱越州石氏本是也乾隆府志

案今雪堂仿宋刊本識云石氏帖原本在人間者甚寡此本爲明嘉靖時秉山徐氏所藏雁門文氏撫入停雲館法帖者後歸錫山秦氏守之將三百年所存雖僅七帖然撫勒之精楮墨之善爲宋拓本上駟非他刊妄充石氏帖者所可比也後有徐子擴文休承諸跋是浙中所存者惟此七帖矣

元宣慰使陳湉祠堂碑大德四年文存

在府學宮前進士俞浙撰文江西湖東道肅政廉訪副使臧夢解書江南諸道行御史臺監察御史門人李仁篆額乾隆府志　本爲

故宣慰節齋陳公祠堂記

文曰評論人物之道不當但核其事而當洞察其心心何有哉

仁是也仁何物哉公理是也人惟公理存心則理重於我以我殉理雖易生而死可也一或私意間之則我重於理以理殉我雖三綱淪九法斁勿顧也昔夫子稱殷有三仁而不輕以仁許令尹子文如陳文子者正指其心之所在也三仁生死不同而心同於爲殷我無與焉故曰仁彼子文心乎楚而不心乎中國無王也文子心乎身而不心乎君無上也天下甯有無王無上之人而得謂之仁乎哉由是推之故宣慰使陳公之死於婺寇也其事固可悲其心不幾於殺身成仁而無求生以害仁者乎

公諱祐字慶甫號節齋趙郡甯晉人至元十四年丁丑冬公以浙東宣慰來旬境內抵新昌新昌鄰境婺之玉山也玉山多悍

夫先有欲逞悍於一使者呼儔五百餘輩約便道爲邀寇計風傳來期適與公相値邑人亟白公曰寇鋒必鋭姑少避之公曰吾以宣皇靈慰民望爲職不幸遇寇弭之可也避之可乎縱吾可避如百姓魚肉何不負朝廷羞使節乎况寇亦吾民也吾將道天子德意志慮昭示利害禍福使知向背以盡吾職無愧吾心而已卽留止縣治翼日左右白寇至公肩輿招諭罄囊槖勞之寇認爲前使者喧呶洶涌不復聽命擁衆直前公遂死焉寇徐覺其誤驚駭鳥散嗚呼公以赤子視寇寇不以父母視公公爲寇特開生路寇乃納公於死事之倒施有如是者天乎命耶天乎命耶或疑公此舉可以死可以無死死殆類於傷勇矣吾

謂此說者但以事之成敗議公非以心之公理知公也公倉卒遇寇武備不及設文誥不及施自常人處之肝碎膽落奉頭鼠竄惟恐不速公氣宇雍容惻愴上念國恩下慮生民毅然隻身橫當寇衝雖時勢蹉跌卒能殉理以死吾竊意英魂陟降猶以不克竟其大勇自恨尙何傷勇之有則凡低回大息仰天俯地不滿於公之一死者固公之所憫笑而麾斥者也烏足爲知公之心事哉吾固以爲公之死根源於此心之公理深有合於吾夫子殺身成仁之義非天下烈丈夫能爾哉公既死邑人壯而祠之閱廿有三載庚子邑令王光祖求文爲記固辭不獲因爲發明其心事以表見於當世且取屈騷數語隱括以歌之歌曰

出不入兮往不返平原忽兮路迢遠帶長劍兮挾秦弓身雖死兮心不懲凜壯節兮神以靈魂魄毅兮爲鬼雄若其歷官行事無繫於新昌者茲不載大德四年六月望日謹記

右碑文二十四行正書字徑一寸額書故宣慰節齋陳公祠堂記八字字徑四寸按碑載陳祐字慶甫趙郡甯晉人至元十四年任浙東宣慰使爲婺寇所殺邑人哀而祠之閱廿有三載邑令王光祖爲立此碑時大德四年六月也王光祖職官表遺之俞浙字季淵新昌人開慶己未周震榜進士見題名碑著有杜詩舉隅一書宋濂序之云先生出典方州入司六察其冰蘗之操諒直之風凜然四著不幸宗社已亡徘徊

於殘山賸水之間假子美之詩以洩其胸中之耿耿據此則其在宋時曾經入仕而此碑系銜仍書前進士亦寓不忘故國之意也臧夢解字君舉宋末中進士第至元十三年內附大德初官江西廉訪副使後遷廣東廉訪使以老病致仕史稱其博學洽聞爲時名儒而敏於政事操守尤爲介特嘗自號魯山人稱魯山大夫李仁事蹟無考兩浙金石志原跋

按原志言在城隍廟右其移置年月不可詳名宦傳誤祐作恬茲又加水旁爲湉府志沿其誤於江西下加一湖字江南上漏承直郎三字譔字下加一文字實皆未見此本也茲得此志忻喜曷極

新昌縣城隍廟記文詳祠祀門

張泳涯撰至大二年六月立乾隆省志

石厂山題字今始出

在縣東龜溪文云中書左丞自元日至人日親率左右於石厂山獲水晶一藏計一万一千三百七十四斤皆珍異奇絕者又云□大德二年十一月奉命採水晶至甯江之樟林至新昌之石厂山發洩地藏貢登天朝下闡坤珍上昭乾德實□□□自有道之所爲□□□

大德三年正月　日金吾衛□□

□□行浙東□□使哈剌鮮沃洲小紀

大成樂碑

藏修碑

禮器圖碑

釋奠圖碑

割牲圖碑原志所稱以上五碑俱在大成門內時代不載按卽成化志淳祐原刻今尙存詳禮制門

聖賢像碑在大成門右今無考成化志亦有像未知卽此否

祭器記碑至治初教諭葉載采重製在大成門右

贍學田碑天歷元年縣尹王綸置以上均詳禮制門

明山陰御史薛綱撰修縣署記今佚

教諭徐漢劉門山記原記今佚有詩詳古蹟門

知縣朱經建題名記又有教諭莫旦記今佚按職官志成化時無朱令其名或係樂經之誤抑連下建字讀無考

府判王某人撰潘晟捐田碑碑文存按即王明礬其稱府判某人當以此碑尚未出故

古方鏡　明呂昌未第時得於棠川莊中佃人闢地爲田所獲其背文曰憲臺新政令烏府舊聲名後仕宦悉如其言評本引庭聞錄

清甯紹道史光鑑撰劉公遺愛祠祀田碑已佚增

方將軍碑　在大東門外五山下

邑人陳一桂記

山椿椿類一名大眼桐江東人呼爲虎目河洛記號曰娑婆羅樹余鄉多有之惟五山下一樹奇絕大數圍體方歲久禿猶亭亭若蓋然里人珍之因樹屋焉我戾从詩中有方將軍語適余客粵見而笑曰廣韻訓稜爲四方木此樹威楞四出眞將軍材也乃卽詩語以贈并書屬戾从刻石

邑人陳宁燮詩

天地降生物生物各相因方者地之體員者天之神丹桂月爲窟白榆星作垣得天極其厚萬古常輪囷凡樹受地氣胡爲員其身吾鄉有奇樹獨得地之眞蓬壺

分靈幹玉水蟠仙根誰執少昊矩繩墨天然陳或運般倕斤斧鑿全無痕成珪易封雪露角時延雲倘用作几案但教披而分若用作柱楝規之轉紛紜昔聞計樹木莫計同樹人砥石復厲節以斈爲世珍古人重方竹動以方兄聞吾于此方樹直曰方將軍

梁天監甎附

邑東鄉今年戊午新出土天監四年歲在乙酉當卽始安王造南明像成之前八年面白色墳起與本土不同背稍黃黝長今尺一尺五分合古尺一尺七寸四分廣五寸二分合古尺七寸三分有奇厚一寸七分合古尺二寸八分兩面紋細且堅緻一稍斑駁面旁列蛟螭形二均向左左端陽文天監四年八月六字下一字似隸文作字中已剝落年字點在右旁一異右則陳監明堂四字輪廓較狹少陳字右旁蝕其半堂字下一畫稍剝

落餘均完好

按秦氏小峴山房集稱謝蘇潭方伯所藏晉永平八甎厚二寸長以倍是祇四寸旁亦有蛟龍形阮氏揅經室集言浙江碑石絕無晉刻而甎獨多如蜀師徐奉戴氏元康太康建元皆藏海鹽張芑堂家永和藏海甯誰園咸和藏秀水錢氏亦有咸和物於永嘉又得其一亦詳題謝氏碑詩註中其浙中金石志則稱仁和趙氏以魏所藏梁天監八年五月甎僅天監二字書於上截其下八年五月作斜界文以間之天字上一畫連於四周之廓頗似大字下一字尤與通近大通無八年故以意會是其文之模糊可知當時稱有古甎錄惜未見其定本亦未審爲何人所作即光緒中葉京口卞寶駿守戎惠一齊永明甎硯僅一半方厚如之質青黑似石云新自淮河乾旱所得者而字跡甚蘚暴且亦多有斜界文以間之僅可辨識從未有完好若此者且採拾者多至數十方未知其內又有何異土人以其在叢塚中恐更發掘并惡其擾已請封閉或謂新志於是月告成而此物適出當非偶然姑誌之

古蹟

山水

渡王山　縣北十里宏治志　縣北十五里相傳大禹治水嘗登之萬歷志　上有禹王廟原志

顧東山　縣東五十里世傳大禹治水時登之以望東海諸山萬歷志

南巖山　縣西二十里有任公子釣臺巖側有石棺蜕骨存焉人掘其地有螺蚌殼云巖下乃海門也嘉泰會稽志　任公子以五十犗爲餌蹲於會稽投竿東海經年而得巨魚莊子　在五六都縣西十五里山巖陡險皆沙石積成如築牆狀以物觸之紛紛而落時

或有崩墜者世傳大禹治水東注積沙成巖上有瀑布泉數百尺驚雷濺雪動人耳目有滴水巖巖上清泉一滴烈日凍雨皆無盈縮味清甘甲於衆水又有乳香巖大師巖半壁有釣磯巖有巨棺方寇從絕頂垂綆下窺見所蛻骨甚大與今人異其色微紅如餘霞也後山之巔有古釣車云是任公子釣時所作東晉永和高僧釋暉始小築於此自天姥嶺驛斗折入小徑松杉排立如人物可數夾徑有兩浮圖前有乳香巖雜花叢竹陸離可觀萬歷志

齊頴詩

南巖寺本滄海任公釣臺今尚在

李紳龍宮寺碑

南巖海蹟高峯猶存

張浚祖印院記

南巖是海門三山坡院環繞其東斷如玉玦

王十朋會稽賦

南巖嵯峩海跡古兮

盧天驥詩

不着烏紗只岸巾尋山還得愛山人半空飛雨侵衣潤入座晴嵐照眼新風過松杉猶蘊藉雪消巖壑更精神何時亦把任公釣坐釣日東橫海鱗

范仲淹詩

滄海三神山北斗千歲鰲靈鰲戴神山亘古淩洪濤伯禹水既治一峯留此地鰲去犗牛在任公無復爾桑田從變遷由來不記年于時峙峻壑紺宇羅金仙佘屬山林興約策來尋勝高步出青霞杳在無塵徑

邑人呂大亨詩

誰把長竿釣巨魚至今蹲石倚空虛蜂房愛向山崖結鳥跡疑從海島居入座翠嵐生晝寂隔川紅樹照春餘任公此去三千載爲看荒碑一慨吁

章充國滴水巖詩

石罅泫微綠滴瀝如珠璣凍雨不爲溢炎歊豈能晞

又釣臺詩

那知任公車近藏北海坳萬載朽不盡輪輻餘周遭想當垂綸時意氣嵩岱高得魚厭楚越壯志絕煩歊

明知縣蕭敏道記

環新昌皆山也其西南諸峯南巖尤美巖之上石泄嶙峋巋然天半日月飛梭雲霞織錦者玉女機也巖之南白雲鋪石新月垂鈎野竹成竿林花結餌者鈎臺也巖之前非筐非鏞鏦鏦晝夜散亂珠飄澄清盤徹者滴水巖也龍橋薛君羨慕其景約往遊焉是日也烟雲晦暝風雨驟作寒氣沍凝行人稀跡及期薛君不負約至矣余偕同寅思椿少山二張君司訓海峯董君暨本邑春元莘野俞君亦如約繼至矣學博誠亭宋君少椒譚君以風雨不能從焉薛君曰美哉景也可無遊乎余曰公之所見者特山之常景耳未盡其勝若夫日出而鸞鳳噦月高而猿鴻鳴岫雲往來篆浮而蓋結者朝暮之異狀也草木爭芳葵榴吐色蒔收回杓菊黃而梅白者四時之異景也補衲剪雲翻經坐月泯空色于相忘付名利於不聞者老僧之涅槃也古之詞人墨客寄情傲興于其間者具載碑刻剔苔抉蘚尚可揣讀而想望其丰采余與諸君錄名仕籍心方苦於形役安能棲巖飲壑日翛然于此耶薛曰美哉景也可遽歸乎於是張筵肆殽洗盞酌酒投壺較矢觥籌交酢夜半燒燈頹然磬興傍有小樓數十椽遂施席就臥破壁峭風侵肌撲骨而不知也詰旦東方開霽萬里一碧從者報門整衣而起仰視青天雲和日旭乃攀蘿躡蹬眺玉女機觀任公臺陟滴水巖復茵草而坐引白而酌忘形骸抒壓臆俯仰上下鴻濛浩刼眞不知山之爲我我之爲山悠悠乎與灝氣俱而莫知其涯洋洋乎與造物遊而不知其所窮矣已而夕陽在山寒鴉歸樹携手同行長揖而別

贈尚書呂世良滴水巖詩

南巖今古勝此日春光饒晝壁爐烟淨曇花日影飄清歌還浪舞携酒對揮毫歸去靑鞋晤前林月上梢

清訓導張君照詩

極目嶙峋雙翠巖層霄壁立勢巉巉支機石畔雲千疊遺蛻峯前玉一函潮落魚龍藏洞壑天高鸛鶴影松杉我來尙憶浮槎事雲漢何時復掛帆

王性之詩

神工若個劈雲開千尺雲崖崒嵂排疑是維摩飛錫處却傳公子釣鼇來星搖石罅雨花濇日映潭空鷗鷺猜更見天孫留一軸機聲隱隱碧嵐隈

生員呂作心詩

海跡嵯峩古洞幽雲濤奔捲入層樓泉飄一線珠花碎嵐罩千峯翠色浮織女弄梭霞作綺任公垂釣月爲鈎我來欲喚仙翁醒醉挾天風汗漫遊

劉門山　縣東南三十里漢永平中劉晨阮肇自剡採藥至此山有劉阮祠山亭採藥逕山下居民多姓劉者嘉泰會稽志　縣東三十五里沿溪而上有阮公壇萬歷志

唐曹唐劉阮遇仙子詩

樹入天台石又新細雲和雨淨無塵烟霞總是生前事水木空疑夢後身往往鷄鳴巖下月時時犬吠洞中春不知何地歸依處須就桃源問主人

又仙子洞中有懷劉阮

不將清瑟理霓裳塵夢那知鶴夢長洞裏有天春寂寂人間無路月茫茫玉沙瑤

草連溪碧流水桃花滿澗香曉露風燈易零落此生無處問劉郎

又劉阮到天台不復見仙子

再見天台訪玉眞青苔白石已成塵笙歌寂寞閑深洞雲鶴蕭條絕舊隣草樹總非前度色烟霞不是往年春桃花流水依然在不見當時勸酒人

又

慇懃相送出天台仙境那能得再來雲液既歸須强飲玉書無事莫頻開花當洞口應常在水到人間定不回惆悵溪頭從此別碧天明月照蒼苔

元稹詩

芙蓉脂肉綠雲鬟罨畫樓臺翠黛山千樹桃花萬年藥不知何事憶人間

宋王十朋題劉阮詩

澗水桃花路易迷不同人世不成蹊自從重入山中去煙雨深深鎖舊溪

明提學桐城阮鶚過桃源記

春霽行惆悵溪溪上之峯峻極於天昔劉阮採藥還也忽二生從溪來青衿飄風且行且歌宛有仙相其歌曰慇懃相送出天台仙境那能得再來雲液既歸須强飲玉書無事莫頻開花當洞口應常在水到人間定不回惆悵溪頭從此別碧天明月照蒼台予問其故二生對曰阮公別仙姬詩也予笑曰昔日之仙姬今日其仙子乎二生默默其情依依峯廻路轉鳥語花飛鹿呦呦而前導雲冉冉而沾衣步欲上而反下路將前而却回農夫耕於天際木杪下於深溪笑洞口之桃花睡松下之希夷黃石兮峻吾之骨紫芝兮澤吾之肌乾坤同吾之老日月逝其如斯世路多岐二生言歸留之不得歌以贈之一歌曰清風引佩入天台二子相隨去

復來惆悵欲期千載會風雲應爲一時開藥如無病何須採心已成丹自不回此去好從仙侶去莫教台鼎點成苔二歌曰三峯遙望近天台玉女翩翩何處來瀑水遠從雙澗下桃花笑倚洞門開閒中日月從心轉海上風波抵掌回欲與眞丹人莫會空餘黃石綴蒼苔二生不達予曰阮公別仙子詩也今日之仙子昔日其仙姬乎歌將畢而山鳥應袂甫分而洞雲開睠焉四顧莫知其處

明教諭徐漢詩

萬峯聳翠白雲封遙望繁桃杳靄中仙子不知何處去溪流猶帶落花紅

明邑人呂華詩

未登天姥岑先覽赤城霞雲霞蔚不散乃護仙人家仙人多綽約深居飯胡麻奈何遇劉阮塵心一以瑕茲事殊荒唐我聞出齊諧涓涓溪流水灼灼桃樹花景物皆不改仙人去何遐感此忽惆悵驅車日西斜

清知縣劉作樑勘荒過劉門山距桃源澗僅數里不暇往觀悵然賦此

採藥人歸逕滿苔空山曉月自徘徊劉郎應有重來日寄語桃花莫漫開

貢生王愷之詩

仙山方以外綺樹簇爲鄰環珮飄丹巘胡麻泛碧津枯榮時遞換花鳥景常春洞口餘芳在閒來試一詢

生員呂震詩

莫認元都觀亦非沅水濱白雲迷淺渡蒼鹿飲平津寒盡山無歲源深花自春此中何所似未許外人詢

生員呂作心詩

路入桃源簇簇新水紋山黛總撩人鶯來谷口呼眠柳花在枝頭絢艷春嬝嬝烟迷青草徑濛濛露罩白綸巾莫言劉阮荒唐事世態悠悠若個春

天台齊召南劉門隖詩

窈窕溪山畫不如行遊況值雁來初霜前隴色開茅屋煙外春聲度筍輿竹筧引泉分雪灌麥畦梯壁帶雲鋤劉門道是劉郎宅風物眞疑漢代餘

會稽梁國治庚午過劉門山詩

洞口春深護紫霞劉郎別後悔還家青山不改仙娥老惆悵溪頭野草花

桃源洞　在劉門山中卽上所云劉晨阮肇遇仙於此齊諧記詳仙釋傳

唐華鎭桃源詩

嘉樹風生玉宇香鶯飛燕舞弄春陽歸來井邑皆如舊始覺仙家日月長

清錢塘袁枚桃源行

天台山高萬八千中有窟宅藏神仙相傳漢朝劉與阮兩人採藥山之巔一重桃花一重水花光入水紅霞起四顧無人忽有聲一雙玉女來煙裏吹氣如蘭前致詞道郎未到妾先知金盤共進胡麻飯瓊葉分裁合卺詩誰作姨夫誰作嫂鴛牒開看都了了但覺山中日漸長不知世上人能老仙鄉住久憶人間想把紅塵喚白雲奈他一點凡心動便把人天兩界分再四留郎郎不肯送郎直到青山頂嘶斷風中斑馬聲回頭還見娉婷影還鄉重叩舊柴扉豈料滄桑事事非半年夫婿分明記七世兒孫認識稀兩人相對情於邑懊悔當初輕作別一段仙緣世莫知且邀鄰里從容說尋仙從此走天涯萬古茫茫白日斜不知終竟團圞否桃樹無

言但作花

東岇山　縣東四十里一名望遠尖晉僧法深支遁皆隱居此萬歷府志支道林好鶴住剡東岇山又嘗就深公買岇山深公曰未聞曹由買山而隱世說在三十三都萬歷志詳仙釋傳

水濂洞濂亦作簾　縣東四十里大坑之中高十丈廣三丈餘洞口有飛瀑一派從高噴薄而下若垂簾然隨風東西光輝奪目洞中懸石如猪肝紫色水滴下微紅下有石盤盛之前有石方丈許面有跡若馬蹄因曰馬蹄巖左右有圓石如拳碎之內有屑如餡或類蔴或類豆隨人所欲而應俗傳禹治水至此棄其餘糧今化爲石云萬歷志　山自正東直下一洞天開門縣飛瀑儼若珠

簾曰水簾洞東峒志畧褚伯玉有隱操居剡瀑布山即此世說詳寓賢

宋朱文公題任氏壁

舟兮子猷剡溪也屐兮謝安東山也不舟不屐其水濂乎水濂其人乎人其水濂乎任公成道遊於斯詠於斯朝而往暮而歸其樂豈有涯哉

又詩

水簾幽谷我來遊拂面飛泉最醒眸一片水簾遮洞口何人捲得上簾鉤

宋進士邑人石谿詩

洞門千尺掛飛流碎玉聯珠冷噴秋萬古無人能手捲紫蘿爲帶月爲鈎

明知府沈啓記

新昌之東南萬山嵯峨去縣治四十里有泉出自山巔名曰水簾談越之勝者歸焉嘉靖己酉從監司觀風至天姥而還倚南明之絕壁潄沃洲之清瀠乃隨蹊剪棘百折溯洄抵昌法寺寺之南北爲水濂洞自洞之外觀之環山翠擁谿崖如龕龕之上石壁峭立三十丈許壁頂有泉深含廣蓄泓出溢施噴吐成珠聯絡成組蕩漾成文懸注洞口真若簾然即洞之下觀之掩映成幌凝止成鑑流布成澤濡沫成潤利亦溥矣又即洞之內觀之可竈可床一罅心乳或謂下有異藏焉莫可的也惟簾之外繁花皎月隱約稀微遠隔凡界快然虛朗宜爲珍賞者所不棄也胡然乎寺廢路榛捐沒空谷自晦翁一題之後人不爲惻已非朝夕可勝慨哉嗚呼騏驥鹽車梗楠側室紈綺襬褲珠玉褻器皆若是也甚有奇於是焉者或塵埃或遐僻或留滯渺不見知於世間有知之者莫之取取之者莫之愛護愛護者莫

之明揚以稱其所負其爲捐棄同一遭遇方之洞也不類乎哉不多乎哉余不忍其蕪沒捐俸命道人舉其寺而葺之繚其閈垣密其複蓋俾後之知勝賞者床於是竈於是汲清流以自飲於是採藥於是煮禹餘糧之石以爲食於是甯非此遭偶爲之胚云時同遊無錫俞汝成憲霸州王慎徵遴皆余同官夙有山水之趣者

明御史邑人潘洙詩

好景偏生幽僻處夕陽重遣我來遊雲聯山勢千層畫簾捲泉聲一片秋覽勝乘驄陪笑語舉杯邀月恣賡酬偷閒偶得浮生樂耿耿難忘濟世憂

明贈尚書邑人潘日升詩

仙源一派響潺潺織出簾幃洞口懸曙色穿林飄瀑布月華噴海弄晴煙珠簾牛斗空中瀉玉漱泉扃鏡內看千古乾坤流不斷水晶宮冷逼人寒

明尚書邑人呂光洵詩

靈山自幽曠復茲秋宇深飛流委仙佩洞壑響瑤音既遠區中迹彌清物外心佺期如可遇息駕且招尋

明知縣李之達同庠生呂若薇遊洞詩

公餘聊共呂安遊東岬雲深古洞幽瀑水三春來玉峽垂簾千載控金鈎同瞻勝景情偏洽獨愧遊觀興未優安得禹糧無化石徧周黎首足耕疇

明知縣田琯詩

小徑縈紆客路賒欲從洞壑覓煙霞禹糧已遠餘糧化仙馬猶遺古迹斜峭壁千尋懸石膽飛淙萬斛瀉瓊花坐看彷彿蓬瀛裏逸思飄然不認家

明邑人貢生呂光升詩

先君遊値春光暖今我來乘夏日涼任是流金還服夾不須煮石自成粱酒傾琥珀千觴滿水掛琉璃一片長洞裏精英元莫測仙丹點點滴瓊漿

明邑人訓導呂光演詩

色分雙闕倚中天白石丹砂噴玉泉遙捲嵐光飛滾滾淨含山色下涓涓風斜繚繞瓊花碎月對空濛珠影圓遊向此中心欲洗去尋幽閣聽潺潺

清周齊曾夕陽阿詩

石屋方方一丈慳四簷松竹四圍山一人自住尙嫌窄那許雲來借半間

清汪洋夕陽阿詩

西山開暮景返照入層窩遠紫侵臺殿斜暉挂薜蘿竹搖踈影亂松漏落紅多時駐高人錫臨風足笑歌

清毛穀夕陽阿詩

烏飛轂轉却如何幾見夕陽戀此阿老衲每嘗作晤對看來還是白雲多

清戴銘馬蹄巖詩

支公西去久神駿跡還存俯仰山中勝徘徊石上痕入春芳草蔓薄暮紫烟昏何日乘空下花香踏滿村

清毛穀馬蹄巖詩

懸崖一丈草花叢馬蹟分明在石中莫說支公神駿印從來天馬自行空

清戴明畫圖巖詩

層巖列萬景佳氣滿蒼蕪絕巘開還合遙嵐有似無春容舒草卉秋色綴楓梧掩映晴光裏天然一畫圖

清閒性道潛公臺詩

名僧在晉世亦只尚清談入國元無益還山且自參臺當風雨結人向雪霜探未必高如許沉吟費再三

清閒性道度師橋詩

澗水滔滔日夜流空勞橋影鎖千秋孰師孰弟誰先度來古來今往未休日月送迎燈火續山川治亂杖藜收峯青縱出溪藍上笑指當前一點漚

清周未艾鎖翠橋詩

嵯峨削出兩高峯樹影森森水更溶翠浪千層流不盡一橋深鎖倩雲封

沃洲　縣東二十五里自桑園分派石筍滙流中壅沙潭長里許者曰沃洲平坦幽閑叢生蘭芷相傳白道猷嘗卓錫於此東峁志畧

唐姚祐遊沃洲詩

入雲高嶺駐鳴騶指點沙溪見沃洲又是霜花殊苜蓿仍開玉柱絆驊騮人攀遠寺僧歸晚月照空山鶴淚秋欲對仙源問消息直溪一道向西流

宋石䓗答朱文公詩

病枕經年臥沃洲滿庭楓葉入吟秋書來如見古人面讀了還添塵世愁憂國至今遺白髮窮經空自愧前修武夷休作想思夢我已甘心老此丘

王鼎寓沃洲詩

沃洲風物自悠然信是行行不愧前最喜斯文如有約不慚經濟爲無賢愁懷但

覺今朝解夙藴偏思此日宣珍重名門敦道誼臨期忽遽賦詩聯

王悅道游沃洲詩

沃洲從古少人烟到者無非避世賢世與我違何足避偶爲泉石强留連

王元肅送石深之歸沃洲詩

沃洲林外數峯青歸去誰知漢客星爲我寄聲猿與鶴菟裘吾亦老金庭

葉適夢游沃洲寄石深之詩

雲烟突兀夕陽底夢魂一夜到雪溪空蒙查藹入深遠支公招我吟翠微翠微平處古佛屋鳥雀悲飛猿鼠哭晋人底事甘寂寞秖爲溪山看不足千年靈徹久荒涼今有隱君名字香舌鋒雷轉談夜長覺來落月滿屋梁

沃洲山　新昌縣東三十五里高百丈餘周十里北通四明山下繞大溪與天姥對峙道書以爲第十五福地有放鶴峯養馬坡相傳支遁放鶴養馬處唐懿宗初裘甫作亂據此爲寨王式遣兵拔沃洲寨即此一統志　山高五百餘丈圍十里與天姥對峙有鵝鼻峯放鶴峯養馬坡皆以支遁得名萬歷府志

唐耿湋詩

沃洲初望海攜手書時髦小坐開鵬翼新喧長鷺濤目如芳草遠身比夕陽高羊祜傷風景誰云異我曹

唐姚祐詩

我遊放鶴峯試作招鶴篇山光照孤碧溪暖籠輕烟可啄亦可飲俯仰聊窮年須臾發清淚翺翔出山巔幽姿入望迴遴集知爾賢長眉貫朱頂雙眼如清錢豈無隱居士歌舞逐管絃君不見衛公好鶴乘雲軒北山餘怨招君編不如放去歸芝田九皐聲音聞青天

宋陳東之詩

我本名山人屢作名山興天台一住三十年盡日捫蘿陟雲磴上攬四萬八千丈之高秋參差明河兩肩並下瞰三百六十度之朝暾滅沒飛煙八荒淨或隨仙氣得丹床雙闕夜深看斗柄今年積雨天地晴一策快作西南征沃洲最佳天姥勝連山直下秋崢嶸竹萌修纖會稽箭芝徑菌蠢商山英秋陽不碎空翠影絕壑倒瀉銀河聲山腰細路如絲直兩三漁樵行落日炊烟暝色小茅屋松子石聲斷崖石飯流溪屑胡麻香軟土春膏霜朮白送書松際有猿公問酒澗陰皆木客青冥樓閣仙人家鬱藍流光瀉晴碧霓旌隊下鶴萬羣絳節朝回雲五色人間但有桃花源桃花春香流水渾三生凡骨不得到兩耳夜半空聽猿李白尋眞不得返支遁卜築還費錢至今山靈護光怪石蘿山薜餘秋妍陳郎故宅更深閟鷄犬林塘隔塵世清秋着屐一登之路僻夕陽門半閉盤陀石在長楠陰脫晷塵纓換秋意晴窗示我兩山圖老眼摩沙觀一二便揮健筆寫我詩惜哉賞音今絕稀謫仙一

去五百載人間山木無清輝舊時仙人白雲喝怪我白首歸何依我生白首歷浩刧眼中億萬蟲沙春夢非陳郎挽我十日住掉頭不顧自有南山期殘霞絕粒練精魄長生之學非荒嬉三千年前有宿約來已不早歸不遲長揖羣仙謝兒輩倒扶萬里冥鴻飛

明主簿曾衍詩

我來作簿山水縣家家屏障詩題徧有客請賦沃洲山郤慚未聞沃洲面沃洲好在賢人心誰其主者支道林禪床有月藤花落丹竈無人桂樹深曾夢羣峯接天姥煙霞微茫不可數幾時結托芙蓉巢而與青蓮居士伍石橋溪寒氷可敲磨劍當斬溪潭蛟文章不入金馬格難解年來山鬼嘲雲自去來山自老鶴書無向蓬萊島作詩寄與山中人明日相從把琴早

明尚書何鑑詩

沃洲山勢連天姥放鶴鷲鼻峯相伍千巖萬壑總烟霞到今只說支遁塢昔人隱逸非沽名屠肆魚鹽俱眞情莫道緇流可輕棄殘碑須把文章評

遁山　縣西四十里綿亘二十餘里有支遁故居一統志

泄上山　在彩烟東南從麒麟嶺渡溪溪潭淵渟紺澈上數武開小谷口有石嶺細路旋折而上凡十餘盤皆廻峯翳樾流水瀠

濺似無投足處緣壁行數里忽豁爽塏別有天地矣巍巒對峙遠岫插青佛宇樓觀幽廠深邃又有奇花翠竹峭石清泉足以怡神曠懷與華頂石梁相望一絕景也萬曆志

生員呂維師詩

禪房幽結最高岑捫磴攀蘿試一尋曲徑盤回煙鎖斷荒谿紺碧水澄深鶯嘷谷口花無數雲護山腰竹有陰矗矗犖峯烟外列欲携謝句朗然吟

眞溪洞　縣東四十里洞高四尺闊三尺在山之半壁深不知其底有持炬入者僅四十步風自洞出疾甚炬滅竟不得入匝洞舊植碧桃花時可愛亦名碧桃洞自宋時桃蹊亦寢廢今則更蕪棘矣或云曾有入者見天梯石棋枰坐具或曰晉阮裕亦居此詳寓賢門

石城山　縣南五里即南明山一名隱岳支道林昔葬此山下齊僧護夜宿聞笙磬仙樂之聲梁天監中建安王始造彌勒石佛像劉勰撰碑其文存焉山有錢鏐所造三層閣寶相寺白雲莊白蓮庵齊顗井白鷴隝石縫梅皆勝迹也（嘉泰會稽志）在縣南二里形如駱駝下有寶山稱駱駝即寶山頂有石塔又有石棋枰方廣二丈餘厚五丈許閣於崖巔面上棋路猶存相傳仙人嘗奕於此（萬歷志）永和元年支遁終于剡之石城山因葬焉（世說註詳仙釋傳）唐末吳越顧全武破董昌將湯臼等於此（十國春秋詳大事記）步自石牛鎮而入嵬巖攢簇石壁千仞古藤絡其上花時如錦城僧端辯云天台之西門也錢惟演重修寶相寺碑云武肅王改曰南明有鋸

解巖斷石中裂章得象云狀如鋸截相傳以爲昔造佛者試鋸於此有白雲莊白蓮庵千佛洞有夾谿塘循塘而行有白鷳隱岳洞明舉人俞應星更於洞内鑿小池疊石爲山崆峒幽邃築精舍其間有未了堂眺月臺景甚佳麗又有濯纓亭宋朱文公建其内爲寳相寺錢王鏐建山門榜張卽之書曰石城曰松巖又榜米元章書曰南明山有紫芝巖仙髻巖巖頂有天井巖下穹窿巨洞梁天監中造彌勒石佛像高百尺石佛螺髻上有靈芝香聞數十步夜有光煜然何德陽儞言嘗登山遥望見之有大蛇環守不可輙近有狻猊二石舊傳有天台僧智顗卒有二獸至號吼作仰天叩地狀遂化爲石右入有小佛殿上有巖

曰月峽兩崖峭削中間一罅方正如門有雙松挺立中秋月落峽間如寶鏡開奩也對面有望月臺今廢有古梅一株生石罅中又有齊相井及書堂井方廣二丈淵深不竭相傳是唐齊顗所居皆勝迹山有十五題嘉祐中僧顯忠各有詠寶慶志云見掇英令不盡傳萬歷志

唐孟浩然臘月八日於剡縣石城寺禮拜詩

石壁開金相香山遶鐵圍下生彌勒見回向一心歸松竹禪亭古樓臺世界稀夕嵐爭氣色餘照發光輝講夕邀談衲禪堂施浴衣願成功德水從此濯塵機

唐趙嘏早發剡中山石城寺詩

暫息勞生樹色間平明幾慮又相關吟辭宿處烟霞去心負秋來水石間竹戶半開鐘未絕松枝靜處鶴初還明朝一倍堪惆悵回首塵[illegible]見此山

五代羅隱詩

會稽詩客謝能卿往歲相逢話石城正恨古人無上壽喜聞廓宰有高情山朝絕巘層層聳水接飛沙步步清兩火一刀離亂後會須乘興月中行

宋王十朋詩

修巡入幽壑梵宮摩碧霄仰頭驚突兀跬步怯岧嶤寶相石間湧鐘聲雲外飄明朝南北路身世各塵囂

宋章得象詩

天台西向列如屏洞穴幽奇地最靈百丈巖中眞像在千年澗伴古松青路旁斷石留人迹壁上題文缺舊銘我是丹丘仙郡守暫來遊覽覺魂醒

宋陳堯佐詩

白雲樓殿翠林間終日軒窗四面山卻愧勞生多事客清涼分得片時閑

宋胡娛老春遊石城詩

世亂英雄王逐鹿不聞歛錫爲民福嗟嗟百年吳越國祇爲緇流營土木石城寺甲浙之東塡坑跨谷塗青紅華榱碧櫺相疊重觀者如賦阿房宮年年三月春風裏遊人拔宅來如蟻誰知五代亂離間乃祖當家愁似鬼典兒鬻子苦征輸笞榜叫囂無日已而今雲礽醉歌舞當時膏血腥王府

宋李邴眺月臺詩

宴坐鶻巢肩觀花柳生肘幽人夜半至古月明戶牖

宋僧顯忠鋸解巖詩

蒼崖危不倚中裂勢難圖始鑄陰陽鋸誰開造化爐藤搖疑碧屑樹砍若分符漏出飛泉影長垂一帶孤

又隱岳洞詩

融結自何時曾爲幾陵谷不見昔賢踪空遺此巖腹一徑斷煙榛千岑老雲木尋常人更稀虎豹時棲宿

又仙髻巖詩

首出衆峯間龍蟠勢孤聳雲映鬒光浮月生梳影動可握謂新沐未巾疑乍籠幸免旦暮理誰復慚種種

又狻猊石詩

庭除兩狻猊一仰復一俯告天與叩地如與訴夏苦世傳智顗死二獸來瞻覩遂巡化爲石埋沒在深土事怪固難詰但見形可取風雨駁蒼苔萬古萬萬古

宋石亭之詩

祇因尋勝到林泉四抱回峯萬景連僧過不知山隱寺客來方見洞開天浮屠照水光相映古木臨崖影倒懸風露了非人世界恍疑身似洞中天

明李詠月峽詩

咽咽石根泉離離峯頂雪竹樹寒不凋蒼苓更奇絕任欄送落星坐久罏香歇安得紫玉簫婆娑弄明月

知縣曹天憲詩

雲廻四面石如城松榜深巖秋有聲月峽古今忙二鼠龍池天地老枯藤梁齊三世空衣鉢台剡千家幾廢興卻笑當年隱岳子偶題蘿壁誤人生

知縣田琯詩

天竺石城太始分名區偏是屬沙門寒巖碣斷蒼苔合月峽松枯老鶴蹲五代風流今已泯三生寶相古猶存慇懃寄語遊觀者好把興衰仔細論

呂不用詩

與客尋好山山好客亦好奇峯入霄漢奇氣在吾抱文章一鳴天下驚海水爲立

山爲倒君不見山東李太白又不見西漢杜陵老詩家筆勢俱神造三千秋一雙
鳥

侍郎俞欽詩

幽尋僧作主定戒佛爲尊元牡開神宅蒼狐閉鬼門雲梯憐舊迹月峽長新痕坐
對青山久一秋今已分

尚書何鑑詩

古寺蕭然倚山谷四面峯巒俱矗矗分明造化自生成豈是尋常人築卜憶從五
季開平中吳越錢氏曾當國鑄山煮海富貲財併力創建爲徼福就崖佛鑿百尺
高因佛殿架三層屋一上一上星斗低金壁交輝爭奪目複道斜廊更參差禪堂
僧院紛如簇石遶欄干白晝長香飄殿宇春風馥古木蒼藤隱巖扉幽草奇花間
修竹浩浩陂池勝昆明迢迢梯石似飛瀑江南形勝眞無雙四方來遊日不足到
今未及六百年兩經變故遭回祿昔日繁華安在哉斷碑荒薺相傾覆上人有意
能殷懃精衞塡海那能復從來世事皆如此何須愁嘆乘除速白頭老子早見幾
獨倚危樓看叢菊

御史潘泳詩

曲澗危溪路幾重山幽僧寂午聞鐘金蓮迥絕三千界玉局敲殘第一峯隔水幃
屏開五馬挂天鱗甲起蛟龍茹芝何幸逢商皓避俗同期訪赤松

呂世東詩

葉落千林四望通雲封雙洞六塵空我偕老籍觀亭上月對癯松上峽中僧誦新
詩娛夜景仙遺殘局冷秋風禪房淸靜宜恬睡疊嶂渾忘旭日紅

尚書呂光洵詩

吳會多名山茲山更幽寂梵宇嵌穹崖仙梯劃懸壁徑杳書欲迷林深翠疑滴洗屐從輪軒忘疲恣探歷雲濛隱曦暉石轉驚霹靂佳木鬱蒼蒼修篁紛籊籊移席藉清陰飛觴散煩慼高論絕凡囂元機共研析平生塵滓心冷然淨如滌緬彼齊梁間衲子卓其錫峻宇麗雕甍重階錯文甓悠悠千載餘金碧化爲礫不聞閣上鏞惟聽野中笛盛衰自有期代謝如箭激至人遺世情洞覽無今昔杯酌且綢繆一笑忘欣慼

參議俞則全詩

石徑蒼蒼古木稠巖間臺殿逈含秋風歸靜院聞鐘度月映澄潭見火流吟愛遠公棲處僻坐望元度到來幽中宵不寐聽清梵悔不從前住沃洲

尚書潘晟詩

秣陵懷舊侶香界幾招尋慷慨常悲古暌違竟遞今荷公紆絳節仍此入珠林宦思恬休沐朋遊喜盍簪扳蘿沿曲磴扶展上危岑石洞煙霞護龍宮草木森張筵迎竹色移席傍花陰鑿石談空相開茅證道心微言追絕聖大雅振遺音醉德欣依玉論心媿斷金境勝情偏洽機忘興轉深臨池還暫憩倚蓋又重斟已謝長鳴志惟耽故國唫靜中聊得意塵外且開襟

郎中呂若愚詩

野寺方開沼松蘿夾徑幽層樓餘舊礎頹棄偃新榴洞儼千金相山藏五月秋一尊淹夜飲日月向人流

舉人俞應星詩

築室白雲隈陋逾回也巷遶逕羅松筠遙空列屏障梵宮摩碧角闍黎隱寶相偃蹇傲明時藏修秉微尚欲問伊呂津時瞻朱石像傳呼驄馬來共識蒼生望追隨三數公榼攜野田餉逢迎出深林一笑形俱忘入門謁金仙繡釜停青嶂禮佛鉢龍馴捫蘿巢鶴倡元言入筌蹄至禮非揖讓衣冠鄒魯餘咏歌沂水上隔竹起茶煙前山發樵唱杯至客不停歌酣韻靡亮君本命世英况乃今宗匠昨日過石梁新篇多雁宕搖筆寫金淵山水無遺狀幸承千頃波獨愧鼯鼠量森陰午谷寒虛明挽塘漲霜軺不可留匆匆忽西向

陳巖石棋枰詩

手談仙子住雲山柯爛樵夫竟不還月落星殘騎鶴去空留玉局在人間

訓導戴邦玉仙髻巖詩

南明煙景隔人寰古樹高花隱石關翠壁龕中金像古白雲深處野僧閒秋來峽石月常滿歲久碑陰字已班遙想三生人去遠應留詩句在名山

清知縣劉作樑詩

深秋暖日照霜明分得清光到石城鷲嶺同參惟一佛優曇偏現已三生宜看皎皎峽中月好落丁丁松下枰珍重襄陽名蹟在因君又見古人情

訓導張君照詩

複嶺千重碧方塘數畝幽獸形埋砌草鳥語叶溪流雲護三生石松高百尺樓峯前方奕罷思續爛柯游

錢塘袁枚遊南明寺觀石佛詩

天台自崖返餘情尚鬱陶幸逢顧野王棠溪將我招福雲遮日炙雜花隨風飄老

人學黃鳥上樹啄櫻桃紅珠折纍纍插蓋車搖搖行至南明寺山形尤若堯鑿成天然殿朗徹無邊撩中立一石佛其狀淩煙霄雕自元嘉年成於梁武朝掌擎千僧膳口含五石匏似學修羅王瞰月月必逃倘作夸父渴飲海海亦消金裝到乳盡名香抱脚燒有猿入耳住無鵲借頂巢差免踏醉象或可驚山魈我來耳目新彌增游興豪敢獻小言賦爲解大佛嘲洪師若上天自顧成僬僥教念須菩提一念一丈高我若得貯潆頃刻誇曹交神通隨變換芥子須彌包勿侈形慕憧而忘工匠勞試觀天龍笨何如獅子超

天姥山　縣東南五十里東接天台華頂西北聯沃洲 嘉泰會稽志 縣東五十里其脈自括蒼山盤亘數百里至關嶺入縣界層峯疊嶂萬狀千態 萬歷志 在剡縣南八十里名山志云山上有楓千餘丈蕭蕭然後吳錄云剡縣有天姥山傳云登者聞天姥歌搖之響謝靈運詩暝投剡中宿明登天姥岑即此也 寰宇記 剡縣有天姥岑 吳錄地理志 與括蒼山相連石壁上有刊字科斗形高不可識

春月樵者聞簫鼓笳吹之聲元嘉中遣名畫寫狀於團扇卽此山也巖間又有楓樹高十餘丈宋書郡國志　峯下有天姥寺道旁古柏一株雷劈爲二樹心如炭柯葉蒼翠亦奇致也新增事實

唐李白夢遊天姥詩

海客談瀛洲烟濤微茫信難求越人語天姥雲霓明滅或可覩天姥連天向天橫勢拔五嶽掩赤城天台四萬八千丈對此欲倒東南傾我亦因之夢吳越一夜飛度鏡湖月湖月照我影送我至剡溪謝公宿處今尚在淥水蕩漾清猿啼脚着謝公屐身登青雲梯半壁見海日空中聞天鷄千巖萬壑路不定迷花倚石忽已暝熊咆龍吟殷巖泉慄深林兮驚層巔雲青青兮欲雨水澹澹兮生煙列缺霹靂邱巒崩摧洞天石扉訇然中開青冥浩蕩不見底日月照耀金銀臺霓爲衣兮風爲馬雲之君兮紛紛而來下虎鼓瑟兮鸞回車仙之人兮列如麻忽魂悸兮魄動怳驚起而長嗟惟覺時之枕席失向來之煙霞世間行樂亦如此古來萬事東流水別君去兮何時還且放白鹿青崖間須行仙騎訪名山安能摧眉折腰事權貴使我不得開心顏

又別儲邕之剡中

借問剡溪道東南指越鄉舟從廣陵去水入會稽長竹色溪下綠荷花鏡裏香辭君向天姥拂石臥秋霜

杜甫壯遊詩

剡溪蘊秀異欲罷不能忘歸帆拂天姥中歲還舊鄉

明本學訓導呂不用追和李謫仙吟

支郎遯沃洲江中司馬記中求歸帆拂天姥杜陵野老詩中覩萬山從此空縱橫截天拔出東南城勢如周王生鎬京臣妾億兆心皆傾太白平生慕東越夢裏分明招日月上山日在山渡溪月在溪山靈爲白道其路山鬼不敢當前啼列宿手可摘天街足可梯山頭見抱犢雲中看養雞或行或息興靡定倏而朝兮倏而暝銀潢萬丈飛來泉玉虹掛在丹崖巔探黃精以沾露尋紫芝以踏煙子喬既朽赤松亦摧王母老死蟠桃不開金銀之氣固自有何所得置仙人臺膏吾車兮秣吾馬御風坐我兮天姥下鳴雞啞啞雜紡車山人戶戶皆桑麻謫仙乃狂客一夢千載令人嗟昔高唐之想像卽天姥之雲霞古來好事多若此茫茫總是江河水東魯諸公望汝還三百酒杯一口間却笑夢中吟好山嗚呼峨眉亭前秋水色使我空憶公容顔

明邑人陳學說吟

無求無欲飽春風杖履逍遥眺望空黛抹芙蓉翠欲滴秀擎金掌削疑工上方初月千峯紫下界斜陽萬壑烘松栝寒濤呼虎豹石壇蒼蘚繡山翁每尋寶籙青羊見獲采瓊芝碧霧籠雁柱巒廻雲嬾度猿崖壁立徑難通天邊海東盤如帶麓脚雷低吼若螽不必岱宗捫日觀却來姥頂較華嵩昔年夢筆摧轟電此際豪吟落彩虹路入半山雞犬靜那知身在白雲中

清知縣劉作樑勘荒過天姥寺詩

破寺空山裏何因得夢遊名賢山水重佳咏古今留地脊斯爲福天荒未有秋我遊疑亦夢欲賦祇生愁

清邑人吳橋知縣王性之詩

望來詰屈山容窅幾度攀蘿下復登巖峻曾留六月雪松高嘗掛百年藤譚經白晝龍吟鉢說法深更佛現燈選勝謫仙雖有夢優遊老此却輸僧

桐城方苞題天姥寺壁

癸亥仲秋余尋醫浙東鮑甥孔巡從行抵嵊縣登陸問天姥山肩輿者曰小邱耳無可觀者但山下有古樹介寺基與園圃之間園者將薪之僧以質於官不能辨也雷破而中分之木身煨燼者十之七自上科至下根斬然離絕近三尺其旁之依皮而存者僅矣而枝葉蔚然於今數百年至山下果如所云即而視其樹則中蕉者可爪而驗也鮑甥曰嘻咄哉李白之詩乃不若輿夫之言之信乎余曰詩所云乃夢中所見非妄也然即此知觀物之要矣天下事必見之而後知行之而後難凡以意度想像而自有得者如趙括之言兵殷浩之志恢復近世浮慕陸王者之談性命皆夢中語也而味者多信爲誠然若目擊而心通或實有師承則人雖微其言不可忽如臨清老人之分河流蜀木工之解未濟是也物之生也若驕若馳吉凶倚伏顚倒大化中當其時不自覺也惟達者乃能見微而審所處假而兹樹非殘於雷火必終歸於薪爨是震而焚之乃天所以善全其生而使愈遠而彌存也鮑生曰斯言也不可棄遂書於壁使覽者觸類而得所求思焉

錢塘袁枚過天姥寺

正是清和節剛來天姥峯青蓮曾入夢老衲又鳴鐘覆水竹千挺迎人雲萬重路

旁雷劈樹正統四年封又雷劈樹阿香燒刼火曾劈樹千尋立地雙株鐵擎天一樣心同招丹鳳駕分作水龍吟日暮風聲起殛殛霹靂音

東溪　源出天台山西北流入嵊縣明史地理志

唐一行撰開元大衍歷求訪師資以窮大衍至天台山見一院古松十數門有流水一行立於門屛間聞院僧於庭布算聲謂其徒曰今日當有弟子自遠求吾算法已合到門豈無人導達也卽除一算又謂曰門前水當西流弟子亦至一行承其言而趨入稽首請法盡受其術焉而門前水果却西流唐書方技一行本傳由味菜居筆談增

查浦　在縣北紹興嘉泰志　浦裏有六里有五百家並夾浦居列門向

水可避世如桃源也水經注

穿巖　縣西南五十里有十九峯排列如畫圖中峯有圓竅東西通故名穿巖巖有石室廣二十餘丈嘉泰會稽志在十都縣西五十里其峯十有九曰鵝鼻曰攬船曰獅子曰暘岫曰泗洲曰文殊曰普賢曰擈頭曰蒸餅曰香爐曰筆架曰望海曰覆鍾曰卓劍曰棋盤曰新婦曰擺旗曰磬曰馬鞍又有穿巖洞高掛石壁間有竅穿透隔岸觀之如圭竇然諸峯羅列其上稍寬平處有泉田中一石山開口如獅舊有穿巖庵今廢洞左有伴雲庵潘最建萬歷志

宋大學士王爚詩

穿巖之巖高蒼蒼峯巒十九摩天光晨曦烜赫暘出岫下望滄海何茫茫有峯俯

仰如鷲鼻世傳任公釣魚地纜舟鑿石宛然存海變桑田幾千歲泗洲儼然坐其中右顧蒸餅香爐峯普賢獅子出雲來筆架磐峯應覆鐘峯頭有石平如席仙子下棋有仙跡雲收帳幔見文殊新婦蛾眉弄空碧好似將軍戰勝歸擺旗卓劍逞雄威又若子卿持漢節樸頭高聳立丹墀或如驟馬朝天闕鼻孔撩天通日月中有神人來隱居老墨題詩猶未滅斷岸蒼碧一線懸崎嶇有路如登天松關竹塢雜秋色稻麥田隴凝春烟危樓傑閣建庵宇石窒神僧開山祖八載跏趺不下山冷眼死生猶旦暮遊人到此若登瀛徙倚欄干鬼神驚當年瀉出天地水猶是尋常瀑布聲山猿夜啼明月薄聽雪眠雲猶未覺五百眞人應共歸天香桂子紛紛落居民多在此山前强寇陸梁宣和年流毒數洲民受苦老稚登山獲保全誰知草莽英雄起管領鄉民皆效死山上分爲西南界十萬魔軍猶睥睨儒生談笑覓封侯胸中好算皆戈矛深入賊巢諭恩信渠魁乞代如罪俘上功府幕獻天子顯立軍功曳朱紫生靈不作犬羊羞民到於今受其賜人心有感自不忘從茲築庵山之岡千秋萬載奉祀事願祝生民長樂康

明張汝威詩

十九峯頭雲作巾峯峯都是玉嶙峋半天高插萬餘丈一洞可容千數人入去有門斜漏日看來無物不生春番疑劉阮逢仙處袖拂烟華香滿身

呂光洵詩

仙嶠列羣峯中峯勢獨雄孤直應危立空明幸自通雲霞彌望外日月隱規中更覺諸天近憑虛尚可從

呂光演詩

一柱平霄立崆峒萬壑圍遙當天峽斷危動水容微背日逼餘照齊雲引曙暉孤
高應識爾探賞欲忘歸

龍巖　縣南二里孝子呂琰廬墓於此萬歷志

明呂不用同曾衍遊龍巖詩

荒山古道夕籠烟短笠騎驢雲一鞭好景多隨春老矣新詩哦出思飄然問僧野
寺松棲鶴濯足霜溪月在泉英氣惱人過夜半聽雞起舞不成眠

明邑人鎮平知縣何繼詩

百尺龍宮鎖綠苔忽昂頭角洗塵埃半峯薄霧衝天起萬壑轟雷動地來雨灑晴
空巖谷潤浪浮雪嶠海雲開南陽高士今何在獨把長竿上釣臺

戳棒巖即螺螄巖　在縣北蘭洲村左宋時前梁洞主舉兵應方臘其
部下姚董二人伏兵巖下入前梁誅之以其首奔梁氏追至伏
發戰敗寇遂以平以嘗戳棒於此至今呼爲戳棒巖採稿

四相潭　縣南七里相傳石氏開義塾時文彥博杜衍呂公著韓
絳皆來學嘗浴於此萬歷志

萬歷志云舊志載石待旦開義塾於石溪聘明道程先生爲師四方來學者衆而四相少時咸集講下今考宋史文杜生於明道之前而伯淳正叔皆嘗友於韓呂二公則四相遊新昌師明道之說恐俗傳或誤而舊志不察遂記載而圖繪之今呂公光洵以爲石待旦開義塾身自設教而四相來學其後又聘明道典塾本不同時舊志不考事之先後是以謬耳愚意以爲宋都汴京而明道爲河南人當時石氏爲顯宦者衆或於京師與明道暨四公相師友後世或見其姓名文字有存於家因而穿鑿其說亦未可知也然邑人傳襲已久姑存之以俟博識定議云

此事明人已疑之故不列寓賢中

蒙泉　在慧雲寺嘉泰會稽志　在九巖山下慧雲寺東廡出石罅間萬歷府志

姚祐詩

飲鹿花間壯此山遊人多作惠泉看龍津有脈來無盡茶碗深濃潤不乾在沼密扶雲漢日結冰深透淨瓶寒一時欲給千僧供更接蒼篔幾百竿

醴泉　在獨秀山麓其味甘美萬歷志

宋評事章天與詩

和平德化醴泉通千古濠梁武舊蹤光閃雪花微動月影浮瓊夜淨函空沼沼脈路流無盡滾滾源泉出不窮滿臥一瓢更淸徹萬年聖壽祝重瞳

赤崖　縣北二十五里元至正二十年三月三日明大軍至擄石謙遜叱曰若無寶必不留孝子永壽奮身而出跪告之曰家貲任與抱其父以身代兵果宥父而殺永壽於楓潭大崖之下血浸紅艷時人惜之名曰赤崖

江西曾衍赤崖賦

猗與石公才貌堂堂温雅好文至大至剛全今古之大道扶天地之綱常遭胡塵之蔽障動干戈之擾攘摽掠村落衆懼不康俯仰失色長幼逃亡因公家富聲名四揚烽火屯逐厥父受殃馳勦陣圍不容隱藏生死決於須臾身命寄乎行戎惟公奮身勇不顧忙直前跪告代父死喪負乾元之英氣凛風節如冰霜虜心不仁鋒刃刺芒斬首懸崖血浸高崗腥氣點染於危石紅光艷爍於天荒苔蘚之痕不印草木之影凄涼泣雨者猿鶴悲風者虎狼征鴻斷千里之明月寒蛩送半山之夕陽嗚呼端居深暇清宮日長父子天性恩愛相將財不惜於巨富孝則發於一腔一旦事歸人去地老天長生魄貫於日月名節動於廟廊余乃浩然興懷追昔悲傷拜容儀於羅綺表清議於橐囊赤崖遺蹟炳然耿光史館載筆金紫流芳萬石之雲礽爲千古斗山之望

偉兮孝子舍永壽其孰當

夫人潭　縣東五十里三十都棠洲之側石壁高峻下臨深淵過者心怖明洪武中僉事唐方妻死節於此名蓋因之萬曆志詳列女門

明王洪詩

寒潭千仞蟄龍居命婦全歸樂有餘一死至今昭白日丈夫應愧不能如

明黄壁詩

夫人家住壁潭濱禍患臨門不辱身身向碧潭深處死碧潭從此號夫人

下州　在縣南五十里山麓翠巒澄潭環映明初張友邦所居至今姓氏繁衍皆其後也原志

蝙蝠巖　在五六都縣西南十里巖内有洞其深透迤不可測好事者特燈而入多白蝙蝠萬曆志

掛鐘巖　縣西南十五里俗傳巖下舊有鐘後飛去蹟存萬曆志　在縣西二十里康熙志

百丈巖　縣西二十里兩山壁立上合下開中露天光一線有玉華峯瀑布泉蓋奇景也萬歷志明生員俞嘉慶詩勝日尋芳外行行到玉華覆階多草蔓襯履有松花彭澤堪栽柳青門可種瓜卜居從此地修竹護丹霞

白傅巖　縣西北五里四面皆蒼紺色中有白光一帶若傅粉狀舊有北鎮廟今移入城內萬歷志

金鷄巖　在二十五都巖壁高百丈中有洞百尺許萬歷志　在縣東八十里萬歷府志

掛榜巖　在學宮右南明山支隴也蒼翠壁立數十丈下臨碧澗形如張榜又名蒼巖邑科第不絕皆謂此鐘秀其上爲駝峯有

巨松一株遠望若蓋巖側有普駝別境明監生呂鳴太建翠野亭懷棠書屋於此山麓萬歷志

明金陵王洪詩

稜稜石壁泮宮西鬼鑿神雕不可梯好似天門春試後數行淡墨榜頭題

修撰羅萬化懷棠書屋詩

山中多白雲棠陰與俱覆秋風忽吹斷高枝失華茂猶垂奕葉榮尚賴培根厚悠悠寄遐思夢想春光舊

仙髻巖

明訓導戴邦玉詩

南明烟景隔人寰古樹高花隱石關翠壁龕中金像古白雲深處野僧閒秋來峽石月常在歲久碑陰字已斑遙想三僧人去遠應留詩句在名山

仙人洞

明呂曾楫詩

欣尋洞口到仙家隔岸桃花一望賒別是人間極樂地何須玉女歎胡麻

梅湖　在郭北半里許萬歷志　在縣治北內有醉園原志

冷湖　縣東二里盛器廣二十畝原志

菱湖　縣東二里原志

上湖　縣南二十里原志

廨

宋丞廨　縣西九十步嘉泰會稽志　宋樓鑰有丞廳題壁記玫瑰集　元明儀門内東向北轉有直街迤西中爲知縣衙有門有廳有寢各三門有廂六間其地頗湫隘正德知縣涂相改東縣丞衙爲正衙居之外門西向入門迤南爲小書房三間左右翼房各二間北入爲二門左右爲小丹墀樹以二柏中爲小甬道上爲小公堂三間又内爲牆爲門爲路亭又進爲寢堂中有小廳兩旁各

有護房二間其舊知縣衙改爲縣丞衙萬歷志　清縣丞署在堂東北今廢古今圖書集成

宋簿廨　縣西一十六步嘉泰會稽志　元明舊知縣衙右爲主簿衙今廢萬歷志按縣志主簿明宏治年奏裁

宋巡檢司廨二　縣南六十里彩烟巡檢司豐樂善政巡檢司今無存按成化莫志載有樓鑰尉司題壁未知即此否

宋尉司　縣西百步元廢即今城隍廟成化志

宋鎮軍營　縣北一里今無存成化志

宋接待院　關嶺嘉泰會稽志

迎恩館石城館　縣西三里

安樂堂　縣西五里皆無存成化志

宋錢庫　知縣廨西五步舊經

驛料庫　知縣廨東五步舊經

稅場　縣東南一十九步舊經　有稅課局務樓成化志

出賣茶鹽法物場　在縣東南舊經　有店務馬院成化志

酒務　在縣東五十步舊經　有監酒稅承信郎廨原志

惠民藥局醫學陰陽學　均在縣西一里圖書集成　今並廢原志

光遠堂畫簾閣萬歷志　凝香閣宏治府志　宴休亭　並在新昌縣治元縣令完顏從忠建宏治府志　今無存萬歷志

明察院廨　縣治東連牆三十餘步周圍七十四丈四尺正廳三

間後堂三間川堂一間東西廂房六間廚房三間儀門一座正門三間今毁（原志）

按察分司　在縣治東今廢（圖書集成）

明布政分廨　縣西連牆二十步周圍五十四丈一尺制如察院皆知縣周文祥建（萬歷志）

布政分司　在縣治西今廢（圖書集成）

明按察分司廨　在布政司西三十餘步爲公館今改爲察司廳堂廚寢廂房儀門制如院司正門獨偏狹周圍五十餘丈縣東司舊爲學宮（萬歷志）

按圖書集成謂按察分司在縣東原志在縣西蓋明初寄察

院萬歷初改公館爲按察司耳評本

明接台公館　在縣東五十里天姥寺之傍圖書集成內有官廳左右官房兩間外爲儀門大門周圍二百二丈知縣毛鷁建萬歷志今廢原志

迎春亭　在東門外萬歷志久圮嘉慶初監生陳培淇捐建改曰太歲殿中塑大像殿傍塑六十甲子太歲小像像前立神牌一座標識神名每歲立春前一日知縣備儀仗迎於此詳禮制祠祀門

僧會司　在寶相寺原志言南五里

道會司　在崇眞觀圖書集成

舊教場　在西門内北鎮廟前明隆慶六年知縣謝廷試徙於北

門外知縣田琯增拓之建演武廳三楹周圍甃以石横十丈三尺直三十八丈六尺原志

彩烟巡檢司　在今烟山墓頭地方聞其一廢聯尚存有城對樓觀四字餘已泐採稿

郵

市西舖　縣治西與公館連牆萬歷志　司兵五名賦役全書

三溪舖　縣西十里

柘溪舖　縣東十里

小石佛舖　縣東二十里

赤土舖　縣東三十里

班竹鋪　縣東四十里

會墅鋪　縣東五十里

冷水鋪　縣東六十里

關嶺鋪　縣東七十里原志　每鋪司兵四名賦役全書

以上九鋪各爲屋三楹旁列兩廂中爲一亭繚以周垣榜曰某鋪各設司兵共計三十七名以急遞焉圖書集成職方典九十二　明初知縣周文祥建成化志　知縣田琯又於柘溪鋪建迎送亭以備暑雨焉萬歷志　雍正十三年鹽驛道册開新昌縣均平繂夫五十名共工食銀三百六十兩遇閏加銀三十兩　通志附識於此

驛

南明驛　在縣西一百步

天姥驛　在縣東南五十里嘉泰會稽志

王渡驛　在縣東六十里萬歷志　天台縣有桑州驛在天台至新昌一百二十里適中地方名王渡嘉靖四十五年自甯海縣改屬肇域志

按嘉泰會稽志周官行夫掌邦國傳遽注曰若今時乘傳騎驛而使者也唐季五代以前猶以民給其役謂之遞夫建隆三年乃悉以軍士充之謂之鋪兵有急脚遞馬遞步遞三等今職方典專言急遞蓋新昌郵鋪自古無馬遞者評本

第宅園亭

齊顗書堂　新昌南明山唐齊顗隱居之地寶慶會稽續志

李紳宅　在新昌舊鄉今桃源鄉亦有新昌里皆因鄉里而名（全唐詩詳寓賢幷物產門）宅上有藥樹一株名曰天上樹（詳寓賢門白楡星底開紅甲珠樹宮中長紫霄丹彩結心纔辨質碧枝抽葉乍成條羽衣道士偷元圃金簡眞人護玉苗末帶九天餘雨露近來蒼翠欲成喬）

王緒宅　在縣西澄潭村宏治嵊縣志唐王緒居刻一日王公別業

裕昆堂　在縣錦村宋端明殿學士王祖洽建（原志）

王氏山堂　在縣南百步宋黃庭所居中有飽山閣老山樓得心亭（名勝志）陳傳良黃氏老山樓詩　世路倦追攀抱書藏故山與山成二老相對兩蒼顏

石鼓書堂　在縣西石鼓山之陽宋太常博士石亞之讀書之所

成化志　宋樓鑰序云書堂蔓葛百年聆太傅之絃歌丹竈永成九轉服仙人之藥餌

萬卷堂　在石溪鄉石待旦創以貯書又爲義學三區號上中下書堂使學者迭升人以此勉勵成名者甚衆舊有題名碑韓玉汝撰記自杜祁公而下七十二人皆由此登科云嘉泰會稽志

平波書堂　在縣北一里宋黃度所居中有秋芳亭成化志

拱秀堂　宋狀元黃譓所居原志

平山書堂　在縣西獨秀山之麓有平山堂橘軒遯莊竹外溪山樓怡老堂貞愛堂棲碧樓拱北堂爲宋儒章一經讀書之所成化志

來青樓　在縣東陸家巷宋參軍呂嶸建成化志　元末劉伯溫呂不用讀書於此於越新編

議善閣　宋石待旦於萬卷堂旁又置議善閣占山水之勝嘉泰會稽志

傳心閣　在石溪義塾張南軒爲銘朱文公跋成化志

朱文公跋曰熹既爲石溪大夫石子重記其修學之事又爲作此銘焉時子重方爲藏書之閣於講堂之東中置周程二君子像旁列書史之櫃而使問名於熹請以傳心榜之而子重遂併以其銘見屬熹愚不敏不敢專也且惟子重之爲是閣蓋非學校經常之則非得知道而健於文者不能有所發明也則轉屬諸廣漢張君敬夫而私記其說如此

環松軒　在桃源觀萬歷志

愛山亭　在孟塘山宋尚書黃度娛親之所自爲記萬歷志

家君甫六旬盡棄人間事築室於孟塘之陰而居之終日徜徉于羣山之中旣乃作亭北岡廻眺周覽萬象偃伏据登臨之要度嘗侍側家君曰何以名斯亭度對曰市朝山林出處之趣異也紛華淡泊躁止之機不同也而各求其志各樂其樂蓋有終其身不相爲也今夫往者如赴還者如拒委者如遜突者如怒方夭矯而龍騫忽軒昂而鶴舉此山之布列曼衍相爲面勢者也朝暾升而凝紫夕靄合而浮碧暝欲雨而深黝晃初霽而濃鮮此山之變化翕忽異姿而同妍者也春秋耕穫且暮薪芻林空而弋水落而漁甡甡乎麋鹿之羣友交交乎禽鳥之鳴呼此山間之人物錯雜耳目接之而爲娛者也自夫出而動者觀之則誠虛空寂寞何足愛者自夫入而止者觀之則山與人常莫逆也意消神融則亦不知其然而然也此愛山之意與家君囅然笑曰汝知其外而不知其內知其可愛而不知吾之所以爲愛也泰華嵩衡名其高也塗室陽荊名其險也若夫箕首商蒙峴皖盧桐其高可階其險可通也而其名聞於天下者以其人也思其人而愛其木而況于山乎汝試憑高而望之直東危峯中立俄然如側弁者也峁山也豈非愛道深法師之所居乎方其師友萬乘奔走公卿而能等朱門衡茅爲一致卒歸老於空山故吾愛其潔少南平岡隱阜交互經緯者而沃洲也豈非支遁之所棲止乎雖爲浮屠氏之學而有當世之望一時名士出處不同盡從之遊片言隻語皆足以垂世故吾愛其達北出坂隴支湊有如倚劍塞其衝者金庭也豈非王逸少之所出入乎識鑒精微有經世實用而不肯降志辱身者故吾愛其堅又北秀嶂端整如桓圭出于衆山之表者四明也豈非謝安石之所遊息乎蒼生喁喁以其出處爲安危而高臥空谷若將終身焉故吾愛其遠界乎東南之間層嶠疊壁如連雲如陣馬者天

姹也豈非李太白所嘗登躡者乎當其文章名海内人主一見傾屬之而飄然情興形乎夢寐故吾愛其逸環吾之廬左右一舍而山之名聞者五建霞標于蒼巓凛凊風于千載雖蕙帳而已空想謦欬之猶在小子其能知吾之心乎度對曰度不敏誠不足以知此家君曰爲吾誌之度再拜曰唯唯退而書之爲愛山亭記

翌運亭　在東門外

顯微亭　在東嶽廟後

翠浪亭　在東嶽廟後淮安太守呂奇策捐造道光間呂鳳亭重修民國二年呂夏寶重建舊名引勝亭奉川毛玉佩題額取東坡山爲翠浪湧之句因名翠浪亭

白雲莊　新昌南明山有白雲莊名勝志

爽心軒　在縣東溪口舊傳有詩云隱居人未識一見爽塵心惟許魚鳧鳥忘機古到今後人因爲築軒成化志

石氏山齋　在新昌宋晏殊石氏山齋詩書仙十閣壯儒宮靈越山川氣勢雄舊府志

桂山書塾　在縣東平壺村宋陳雷建原志

水竹居　在平壺桂山宋陳雷所營有綠就堂貼翠樓成化志

克齋　在鼓山石子重教授之處朱文公有記成化志　石溪之上宋儒石子重所居明知府洪珠碑記

朱子克齋記

性情之道無不備而一言足以盡其妙曰仁而已所以求仁者蓋亦多術而一言足以舉其要曰克己復禮而已蓋仁者天地生物之心而人物之所得以爲心者也惟其得天地生物之心以爲心是以未發之前四德具焉曰仁義禮智而仁無不統也已發之際四端著焉曰惻隱羞惡辭讓是非而惻隱之心無所不通此仁之體用所以涵育渾全周流貫徹專一心之妙而爲萬善之長也然人之有是身則有耳目口鼻四肢之欲而欲不能無害於仁人既不仁則其所以滅天理而窮人欲者將必無所不至此君子之學所以汲汲於求仁之要亦曰所以去其害仁

而已蓋非禮而視人欲之害仁也非禮而聽人欲之害仁也非禮而言且動焉人欲之害仁也而人欲之所以害仁者在是於是有以拔其本塞其源克之克之且又克之至一旦欲盡而理純則其胸中之所存者豈不粹然天地生物之心藹然若陽春之溫哉默而成之固無一理之不具感而通焉則無一事之不得於理而無一物之不被其愛矣嗚呼此仁之爲德所以一言而可以盡性情之妙而其所以求之之要則夫子所以告顔淵者亦可謂一言而舉也歟然自聖賢既遠所學不傳及程氏兩先生出而後學者始得復聞其說而有志焉者也故嘗以克名齋而屬余記之余惟以克復之云雖各爲一事其實天理人欲相爲消長故克己者乃所以復禮而非克己之外又別有復禮之功者也今子重擇於斯言而獨以克名其室則其所以求仁之要又可謂得其道矣是尚奚以余言爲哉自今以往將必因夫所知之要而盡其力至於造次顛沛之頃而無或怠焉則夫所以爲仁者其必盎然有所不能自已於心者矣是又奚以余言爲哉顧其所以見屬之勤有不可終無言者因備論其本末而書以遺之幸其朝夕見諸屋壁之間而不忘其所有事焉亦庶乎求仁之一助云爾載朱子全書

醉園半畝塘

宋朱晦庵詩

半畝方塘一鏡開天光雲影共徘徊問渠那得清如許爲有源頭活水來

豫章劉錫爵遊醉園半畝塘記

庚戌之夏浪遊剡溪坐臥一樓幾不知天地空闊偶遇呂子吾日暨令弟旦復兩

兄翩翩秀發見若素交欵入醉園縱覽勝地備閲往蹟竟忘此身在剡城中矣當日朱晦翁題云半畝方塘一鏡開天光雲影共徘徊問渠那得清如許爲有源頭活水來即此塘也余嘗聞之不勝企慕兄身歷其地能不大爲快心覽邑志知宋石子重先生從梅湖村置涉趣園講學置書內有雙清閣洗心亭桃洞松洞探春徑自未築城時通至屏山潭外猗歟盛哉更知晦翁與石子重先生交厚往來台剡坐臥於中飲酒賦詩爲樂中庸載石氏輯畧有自來也呂子云幾更世代幾易姓氏止得隙地僅存一塘祖父卜居於此將他之高者構爲堂低者作爲園取其遠於市囂以其靜而偏也又於堂之後結數楹於池畔課讀書砌短垣覆茅茨雖不尚艷治濃麗實不暇給也姑就園中隙地聊建茅亭偏植桃梅以娛老父晚景如是而已不足爲外人道耳同緩步園林曲徑通幽芳草鮮美忽見五馬聯隊昂飲溪崖巨魚翻浪聚遊碧波欲窮其源之盡處不知所止殆落花流水杳然去也復承尊公水因先生情重設醇醪剪時蔬摘果烹鮮却饒投轄之興敢問以醉名園請詳其意先生答云余所醉者幽人隱逸可以手談名流墨客可以析疑吾所醉者清風明月可以寫憂快雨奇雲可以爽志吾所醉者魚遊水面可以寄興鳥鳴樹巔可以忘機吾所醉者晚食安步可以無事家順世平可以息累如是不可一日不飲不可一飲不醉如是即至中山千日醉亦復何辭詩云不醉無歸人亦有言醉解千愁雖然醉翁之意不在酒吾以名吾園余聞先生教恍若爽然有得豈非天姥之逸品而有高曠出塵之致乎於是更與先生諸友賢郎乘興而飲飲而吟吟而復飲飲於亭上飲於池畔飲於石傍飲於竹林飲於花前飲於月下不覺陶陶然共醉於醉園吳興嚴咸一翁題客醉醉園園醉客無春不醉醉園歸中

山千日何人醉醉得園花歷亂飛水因公自吟笑人尋洞口老我醉花源味此詩句殊快我心或者曰晦翁有靈使余從半畝方塘挹源頭活水之趣故借醉園以與余遊復醉醉園以存余筆是未可知既醉之後輒率爾誌之以爲歡笑爾

朱子著書樓　在縣南十六都祥棠村宋朱晦庵與梁汝明友善避地至新注書於此

來月軒　在桃源觀西清虛庵宋乾道中朱文公遊水濂還訪梁平叔同宿於此萬歷志按平叔名準

朱晦庵詩

夜吟惟覺月來遲正意先生獨坐時離緒幾多無着處不堪清氣入詩脾

壽康精舍　在縣東雪溪村董伯和建增

甯川舒岳祥記

陶元亮歸去來辭韓昌黎送李愿歸盤谷序自是一對文字人不得以優劣之也近時士大夫園池亭館多摘取二文中語以其閒適之趣也或疑陶與李優劣何如余謂元亮之修節高名與夷齊爭皎焉曾謂其棄一彭澤令歸臥五柳之下以

題其爲高乎世之鄙夫俗子自方元亮多見其不知量也若李愿其庶幾乎第入品自有不同耳夫以太行之陽盤旋行迤可宮可稼可沿可濯可茹可釣愿既不以仕宦爲意左右顧盼何所不足此愿之所有元亮之所無也愿之名不見他文而退之以友人許之方將膏車秣馬以從之遊且祝之以壽康惟其有自奉之資以遂其養高之樂則非元亮之所得爲也夫名節因時而著愿不得爲元亮元亮亦不得爲愿也新昌董伯和世居雪溪萬山之中逶迤曲折闆居族聚至此而涵衍寬平有盤谷之意自號稼盤未知與李愿之谷其大小裕窄何如也百物取足周旋惟意外慕不係於胸中賓旅時來於戶外爲愿眞易耳余觀其志不止爲愿也從師求友誦詩讀書慨然有志事功陵谷變遷歲月老矣於稼盤之內鑿山爲壽藏名曰盤所是前日稼盤之相望也於其所之左岡築亭焉名曰升望於其偃仰棲息之所名曰壽康精舍於其圃曰可茹於其泉曰自潔皆昌黎序中之物也伯和自序其名盤之義先之以書曰予於愿之志所爲未得者昌黎一字耳得君爲我記之則雪溪之盤可以將太行之盤矣余謂伯和與人交有道之士也丙子已丑兩至其地知伯玉之心宴如也顧毛穎君已脫冠告老不能如退之之叙愿也姑效退之壽康之祝爲作歌詩以美之庶幾名與詩相爲無窮也其詞曰太行之谷兮在北州之北會稽之盤兮在南州之南惟伯和父稼兹盤中去其稊稗屛其菑凶載耔載灌實穎實豐惟伯和父偃仰藏息綵衣錦帶牙籤玉軸優哉游哉錫爾戩穀

養志堂　在縣東雪溪村董景俞建增

甯川舒岳祥記

賞勝者領其要據幽者當其機是故神山秀嶽假高逸以揚輝當其機也朗人俊士託遐邈而含耀領其要也白樂天謂會稽爲首剡爲面沃洲天姥爲眉目誠領其賞勝之要也謝康樂詩曰暝投剡中宿明登天姥岑此則泝江而上投宿剡中明發而登天姥自此入天台也唐朱放詩曰月在沃洲山上人歸剡縣江邊余嘗自會稽上古剡夜望沃洲諸山月正在其上則知詩人之句誠當其據幽之機也今自新嵊泝源而上至於雪溪往往以雪得名由戴安道始也故其地有上下雪之分居人皆豢龍氏之裔雁牆翬宇花木參錯一谿貫其中兩山如匣夾行而西騖半巖爲飛瀑下爲靈湫諸董族實居上游以筆硯肄業者十九世以隱德著於鄉其亦賞勝之要據幽之機與余因避丙子已丑之亂兩至其地夫思其人者懷其棠愛其人者及其烏而況兩至其地乎此余既去而不能忘情者也董生景俞作堂於舊墟扁曰養志來請記噫斯地有德於余者也生又學於余者也可不與之記乎余問生之志云何生曰僕不敢僭昔者孔門三子各言所志咸當其才惟點也獨言浴沂風雩之趣翛然在事物之外而夫子與之僕不敢僭也然有志焉青山以爲屏案流水以爲金石奉親讀書於是觴賓俎豆於是彈琴詠詩於是庶幾點之萬一有以承先生之教而不媿倘可進乎余曰是足記矣嗚呼若生者可謂得賞勝之要據幽之機者歟生字紹孟今所居屬新昌至元二十八年四月十七閬風舒岳祥撰

涉趣園　在縣西狀元坊宋石茂誠所營中有虛心庵棲息軒雙

清閟可疑軒松洞桃洞殿春徑散金徑萬歷志同圖書集成宋子重所營中有洗心亭棲息軒雙淸閣澹吟齋松洞桃洞探春徑廻欄橋成化志評本斥其誤據石氏譜謂子重避亂至台茂誠爲公輸子娛親而設似較允

王家園　在長潭宋丞相王爚建中有沂春亭蒼雪觀答春堂閑遠樓石板街松花石景物絕勝成化志

光遠堂　在新昌縣治元縣尹完顏從忠建宏治府志

凝香閣　在新昌縣治元縣尹完顏從忠建宏治府志

宴休亭　在新昌縣治完顏從忠建宏治府志

聯槐堂　元儒周明德所居宋濂記成化志

資深堂　在忠信坊元處士潘音建天台夏圭孫記成化志

待清軒　在南洲元處士潘音隱居之所萬歷志

牧坡草亭　在珠浦元呂不用讀書之所今遺址尚存萬歷志

小小齋　在新昌縣治後孝子呂升所居又有看秋樓宋柏樹一株尚存呂不用有記於越新編

皆可園　在城西明尚書呂光洵建內有池有假山有九可亭有沃洲書樓萬歷志

明茅坤記

沃洲者界天姥石橋之間多長林美壑而古之隱君子之所託而逃焉者也中丞呂公間稱之以自名其廬予爲公記之舊矣久之公又擇其林壑之最佳處而懸之以閣曰可仰閣之陰府以圖史之室曰可玩左則賓客數過或嘯或歌抗壺博奕飲酒無算懽然適也曰可遊右則客且忘歸或枕石而臥曰可休前覆之以蘭徑檻列之以名花而穿竹爲亭以自媚焉曰可居閣之西則又縱之以千百若干尺橫之以千百若干尺分畦而樹椒桂橘柚奈李櫨梨枇杷楙柿丹栗元棗緋桃絳梅石榴黃楊金櫻銀杏之屬一切奇卉異果若帶而綰也曰可圃圃之中闢以

曲池引泉而魚因以亭於其上焉曰可泳亭之北又別爲小亭客或選林麓分曹治射曰可觀其再北則又屏田而庾之以百穀之屬曰可稼當其四時之勝幽香繁陰刻露嚴霜而無所不可也於是合而名之曰皆可園大畧倣柳柳州以愚字其溪谷邱泉池島之勝而名之者也而貽書屬余記之予竊疑幽林邃谷飛泉峭壁惟世之沈寂枯槁之士不得志當世者之所適也而公之位日高其所席中外之望者日以重而公安得移柳柳州所自汙且困者以相附也乎故久不報公而客或過焉予謂之曰君獨不聞達人者之適其適而不適於其所適也乎古之豪傑嘗有躡足行伍而赤松子之隨悲時之陸沈而執戟於金馬門譬之蟬方擁樹而吟而其中之蛻也舊矣今公之所席者於此而其所引而夢思者則於彼蓋以所可因以游其所不可公之所存者遠矣客曰然因記之

呂光洵自記

嘉靖庚子冬余自隴外養疴園中明年天子賜以內帑之金余不敢隱乃賣金構材營於燕寢之西爲小閣數楹閣之疏欞洞徹前瞰南山巍然端聳曰可仰下壁爲三室其中室虛以觀易曰可玩左室明以考藝曰可游右室晦以燕息曰可休閣之前循除爲藩中爲蓮甓爲蘭缶左右爲菊砌又前爲竹嶼華竹爲亭清陰環映曰可居閣之西分畦藝蔬嘉種咸備畦間紛植桂椒橘柚柰奈檖梨枇杷樧柿元棗丹栗緋桃絳梅石榴金櫻銀杏之屬英實布護被徑充蕃曰可圃圃中有沼沼上有亭亭虛而沼徹曰可鑑北爲小亭布鵠以校勝曰可觀又北爲蒼庾之室以藏百穀之種而耒耜耰鉏之器存焉曰可稼於是合而名之曰皆可園園成而余被命北上數歲乃乞告東還得與弟日侍余父徜徉乎園中蓋余父甚樂焉

而余兄弟亦怡怡共適焉於是宗婣之親鄉閭里閈之友凡過余園而遊者余輒與之升閣而望循亭池而嬉烹鮮瀹茗引觴嘯歌從容終日余既忘倦客亦忘歸莫不欣然意可不知茲園之爲隘也余嘗三造於朝東抵閩越西歷秦隴南涉於金陵所過名園貴畹余必訪而遊焉其臺池亭榭之勝泉石花木之繁臻極瓌麗蓋不啻十倍吾園也而余臨賞未及睠顧舊鄉嚮風常懷爽然自適及返乎茲園然後居安氣和神凝形適休休焉不知日之旦而暮也所謂一隅之士非耶余聞古有至人以寰宇爲度其居也若游其行也若休與與容容莫不曠然自得彼固天游方外者也余竊欣慕而未之能焉乃歌曰至人天游兮無可無不可余游方外兮惟茲皆可物與無私兮沄沄夥夥樂且無央兮孰知其所

松隱　在南明之七松坡繼善劉文輝先業成化志

沃洲畊釣處　孝子呂升養親之所元孫獻寶藏詩文甚多成化志

半天書院　縣東三十五里在胡卜盤山之巔胡繼善所造廣儲書史朝夕吟咏其中見徐志文傳

草亭　縣東三十里在胡卜村明胡禎造見本傳

金巖義塾　縣南十五都韓妃村明楊信民甄完讀書處今廢

檠齋　在天姥山中御史張世賢所居又有四面溪山樓成化志

遺安齋　主事丁義所居甯海方孝孺記成化志　今佚

壑舟　本學教諭陳仲初所居曾衍記成化志　今佚

貧樂齋　在候仙門内給事何泰建天台林祐記成化志　今佚

恥齋　在縣治後按察使呂昌所居成化志

芹谷樸處　永甯學諭董廉所居成化志

平澹莊　在縣東下礜村呂子華建有怪石高八丈大十圍儼如人形原志

寶善堂　在忠信坊俞用貞建孫欽禮部左侍郎有司立春官坊

以表之萬歷志

東溪草堂　在縣治東北侍郎俞欽歸老之所萬歷志

壽春堂　副使俞振才建復有重慶堂萬歷志

一樂堂　尚書何鑑建復有重慶堂五山書舍萬歷志

寶誥堂　一名遺白堂侍郎呂獻建萬歷志

世第堂　布政使俞鐸建萬歷志

世憲堂　又名世恩堂俞朝寰建子參議則全所居萬歷志

紹清堂　尚書潘晟建呂光洵記萬歷志

玩易軒　尚書呂光洵建復有賜金軒燦花齋萬歷志

紹養堂　主事俞振強建萬歷志

味澹軒　隱士潘淮讀書之所謝遷記萬歷志

泥天館　教授呂𣈆見別業原志

澹香堂　呂𣈆見所居內有半畝塘醉園原志

容安堂　寺副呂新周所居有圖南軒原志

復思齋　行人呂九思建原志

皆山堂　贈僉事呂存政建元孫尚書光洵重建原志

山在堂　呂譓建以祖居皆山堂別建山在堂以居之自號東皋居士

萬春堂　封君呂存酌建原志

來山堂　贈尚書呂世良建原志

追遠堂　奉直大夫王徽建在北鎮側原志

賜金軒　呂光洵建原志

衍璞堂　贈尚書潘日升遺扁子隱士最建原志

繼善堂　俞灝建裔孫心焘建慶善堂于其側乃芬建景善堂于其後原志

繼璞堂　贈尚書潘日升遺扁子太學生京建原志

樂善堂　孝子呂好和建原志

滋恩堂　俞遵賢建原志

修齊堂　在花園呂辨建原志

青在堂　知縣呂光化建原志

居思堂　在縣治東福甯衛經歷呂天章建原志

育英堂　俞猶龍新建原志

繼靑堂　舊爲經魁潘溫故址今嗣孫潘資深建宅家焉原志

承休堂　明處士何文建原志

鄂韡堂　生員袁朝昇建原志

懷遠堂　宋進士歷任太常寺卿親王掌禮徐元瑞之曾孫希忠所構希忠爲縣從事宣德間浙省洪水堋荒詣闕奏聞允合聖心勑下蠲除恩旨遍天下又因祖建天姥禪院捐田三百畝以永香火後世懷德誠遠矣其先名堂蓋不虛云原志

穆如堂　古虞小穴倪元潞派分新邑原志

尺木軒　庠生何庭諫課讀處楊秘圖題原志

貽慶堂　黃宣獻故居裔孫狀元黃士俊題原志

濟美堂　侍郎俞深建復有順德堂原志

衡門　處士陳應奎讀書之所原志

培慶堂　庠生俞從觀所建原志

斯于堂　劉民書贈俞從觀識其友于之樂今伊孫俞靖梓額以繼家傳云原志

孫塘園　在城東北明知縣周文祥建萬歷志

南園　在駝山之陰參議俞則全讀書之所有翠微閣陽逸堂積書千卷自號翠微居士萬歷志

北園　一名閒樂園在五馬山之陽參議俞則全逸老怡賓之所有長秀亭印月池編竹爲薔薇屏芍藥欄假山三座曰東華峯曰西錦峯中曰穹窿洞絕頂曰祥露臺曰孤眺亭曰錦翠嶺曰息機津雜植花木景頗幽閒名人題咏頗多萬歷志

俞則全閒園獨坐詩

廿年無祿一閒身卜築深源絕四隣屋外桃蹊劉阮路門前煙渚許由津溪山處處堪爲主麋鹿時時不避人自是頑樛非世用敢言盛代有遺民

皆春園　在城西尚書潘晟建內有樂賢堂水濂書院萬歷志

歸得園　在城西門外明輝縣知縣呂光化建舊名川上居解組後取唐人詩句欲歸歸便得之義更名歸得內有環翠樓桂泉書屋積書萬卷萬歷志

松蔭園　在龍巖下明郎中呂若愚於父封君墓旁築園造亭率子弟讀書其中松陰四合故名萬歷志

蕖猗園　在城東舉人俞應星建植竹萬竿故名萬歷志

七芝園　在城北明庠生俞秉瑚建内有假山尚友堂積書訓迪子孫子舉人應肅讀書其間萬歷志

郎中呂若愚詩

華構中顏尚友堂君家世澤喜來長悠悠瑞氣千年毓灼灼瑶芝七本芳此日固常懷孔孟醇風直欲遡羲皇既探今古神交處眼底紛華一笑忘

靜園　呂曾棣建原志

西陵張玲靜園序

古人遊跡所至攬其山川土俗之宜稽載籍之所由備而又樂與其地之賢人君子考道德闡宗旨一時聚首之雅後世傳而列焉曰是某某之所昔遊也吾鄉之某某與之定交好焉風何隆乎乃令人景慕若此余至石城以吾劉夫子令兹土也入而侍夫子出而未嘗不與賢人君子相得歡甚且處其地彌月往復論述之

多園亭諸勝并樂得而覽焉培之呂先生余同學見五諸父也見五怡愉沉默于人不輕置品陟每爲余言培翁至性醇篤簡出深居外肅穆而中炳朗嗣公昌侯居遠偉丰儀行文一洗郊島具五城三山十二樓諸槩余即未謀翁面固已有一道貌古風嶙峋澄徹彷彿意中矣及聞翁有靜園偕見五詣之主人出揖客語默容止成協於度園中展設諸有高下疎密自成位置種植擁護胥順物性而二記亭亭素壁間尤神怡目攝於書法之蒼勁詞旨之圓警輒竟日其下不能去一搆自翁伯兄湛翁手一爲翁令咸蓼懷所成兩公皆以文章立名且得之庭內可謂兼擅其美矣斗室藏花之所探橐駝傳十數言題於壁乃翁所自書魯公爭坐頓復曩觀不僅爲柳州寫照也翁實貴天和道眞綿服律躬淑世率本太上一編爲指南二記中復爲抉奧發覈以暢其旨揆諸安止行庭顯藏共貫其又奚遠乎余樸騃寡昧無一過人更身歷人文山水之藪惴惴慮不足邀賢人君子之盼以貽夫子羞而翁顧抑然自下出所著逸心編向余探靜義余竊附先生之人之文以傳而復藉二公名記以益定交好也於是乎序

呂曾模記

已酉之秋余弟培之營園於邑之西偏顏其中焚香兀坐誦編太上錄功記過時發深省爰自名其園曰靜園云園內有館有亭有池有怪石有名花芳草其樹梅也有廣平之興其蒔荷也有濂溪之愛其蓄石也有南宮之癖其臨池也觀魚也有濠上之樂其息交絕游倚南窗以寄傲也有五柳之風茲園不盈十畝而日涉成趣不一而足有如是也耶文與可畫篔簹谷假竹以遺東坡先生自云此竹數尺耳而有萬尺之勢取以彷彿茲園無不可者園內無山而山容在望可借而眺

也五馬北屏駝山南嶂纍纍如人旅行於牆外而見其髻然園內無松而松濤伊邇可借而聽也隔畦乃蔡眞人羽化之所松甚晟每衝飈至倏忽怒號如萬馬之奔馳若乃皎月長空萬傾一碧可借而與心謀鶴鳴九臯鵬息六月飛鳴上下莫可殫述可借而博與耳謀廣與目謀凡天地間之物非吾有而不敢取茲園中何藏之不必皆有而貸之曾模少禁也無他甯神於靜仰觀俯察萬物皆備也或曰斯園去家僅數武許兒童煩嘖聲聒耳且樵牧喧嘩戶外履滿云靜何居余曰否離動求靜非靜也靜極生動動極還靜也唯靜而始發深省唯靜而方別若者爲功若者爲過唯靜而安知今之所爲功非昔之所爲過唯靜而乃能學伯玉之寡過顏子之不貳過其究也將師夫子之學易以幾幾於無大過

呂熻又記

培翁先生閒靜寡交不慕榮利身居城郭有山林之癖杜門避影足跡不入市廛者幾二十餘年宅邊有園方塘半畝湛湛然宛在中央先生愛之因其隙地搆數楹於水濱南山在前北山峙其後東則小橋流水築短垣以護桃李西爲藥蘭花砌牆外古柏喬松參天之影倒插池塘此柳州所甚憐庾信所樂賦者也園中多蓄異石嶔嵌崟崒瑰奇百出不可言狀如虎嘯者如猿啼者如獅吼龍吟者有呼袍笏而拜者有可抱之眠三日者布置清雅錯落堪玩壁間圖畫多倣米家山雲林大癡蘭竹水禽之屬極一時翰墨之秀園成顏之曰靜凡所題識皆先生命名而手書之鍾王而下平原山谷北海南宮白沙松雪投之所向無不如意觀者如入王將軍武庫不止一種虞書亦大快事也掃除一切宴坐其中浮世榮辱付之夢想外何靜如之春有紅梅綴雪夏有清蓮消暑秋有水亭待月冬有小院藏花

山鳥鳴於園中，流雲宿於簷下，不出戶庭，賞窮江山，又何靜如之？園以靜名，其在斯乎！先生正襟而言曰：嘻，汝之所謂靜者，非余之所謂靜也。余命蹇否，遯於丘園，年來甯神息意，讀袁子《立命篇》而有會焉，鐫功過之格，奉太上箴言，兀坐園中，朝夕焚香，返觀自課，綱常倫物以及語言動作，一以古訓爲師，甯厚毋薄，甯樸毋文，甯儉約毋封靡，去叫囂之習，返於淸虛，以云靜也。余老矣，汝等勉而行之。心靜則無私，身靜則無累，搆園而名之意，蓋在此而不在彼。爚爲先生之猶子，從遊於先生之園，追隨杖履，而深有味乎先生之言也，退而爲之記。時康熙九年正月十五日也。

宿雲園　在縣南，又名山亭，明貢生何絅建，有池沼、假山、藏書樓閣，講學於此，頗爲麗景。萬歷志

何絅詩

蕭瑟梧風景半秋，澹雲將雨過西流。凉生蓉葉催沽榼，濕重蘆花覆釣舟。新月半籠孤岫出，長虹斜接兩亭收。漆園碌碌勞生拙，笑問南華不點頭。

寶慶堂　在彩煙山中，僉都御史楊信民先業。成化志

鰲峯讀書處　工部郎中徐志文別業，又有重慶堂、濯纓亭。成化志

趣園　縣北二十里萬石村清初隱士呂仲堅建有光裕樓善慶亭諸道跡採稿

萬卷樓　縣南十三都宅下丁村楊世植讀書處今廢

浣花齋　縣南十三都宅下丁村楊繼斗讀書處

縣令古榆陳銘詩

萬仞岡頭許立身暫將瑰質託紅雲官聲迂拙無如我家學淵源獨望君居號浣花吟苦瘦族成藝畹友多聞薔薇淨手春深露剪取山烟繡五紋

耕心堂　縣北二十里藕岸村義士呂迺建採稿

亦政堂　縣北二十里藕岸村義士呂迺建茹芬題額採稿

也可居　縣東八十五里在黃坑山中俞清心建頗極華麗俗稱花屋採稿

剡溪魏敦濂記

昔孔子謂衛公子荊善居室始有曰苟合少有曰苟完富有曰苟美朱註云苟者聊且粗畧之意蓋有知足之意焉今兪君清心先生幼習芸編長搜瓠史千窗墨瀋子夜書聲雖不飛升釁序何曾貽誚靑衿爲一鄉之善士亦四海之完人其自別號清心也則寡慾可知矣隱居不樂仕進爰營菟裘殆將老焉紅塵不到之處白雲常起之中疊石爲基築土爲牆小木爲椽大木爲棟結構玲瓏皆可人意前有修竹之山綠雲時在後有神仙之洞丹竈非遙而且登凌雲之閣亂山橫翠歷歷如畫誠遊覽之勝境也而歌樓舞館在所勿取此也可之所由名也時而春光媚靄天氣嫩和松篁聳石秀色可餐也桃李滿園韶光可掬也梨華溶溶香雪可賞也潤水冷冷清音可聽也是可以暢山水之懷是可以浹仁知之性主人曰可風可月不曰可大可久自名其居曰也可誠有見夫日中則昃月盈則食而不欲以一時大可者後欲求也可而不得也竊思在人稱以爲大可者諂也在己自以爲大可者驕也予不以大可易其名而仍以也可嘉其名者予非諂者也君非驕者也況大可爲俗士之見也可眞隱士所宜乎曰也可者僅可小可之謂謂即公子荊苟合苟完苟美之意也可今歲二月間予遊台山聞其可至其居落落瘦樹裂石髓而凝靑修修古苔漱烟華而潤碧奇表表之蹤振風塵之嘯洗爵陳局觴情欲飛濡墨腐毫吟興交鼓是主人之所可者予亦從而可之主人之所謂也可者予亦從而也可之主人之也可固可矣苟有謂余之草此亦也可者不特爲主人之知已是亦予之知音也夫

塔

東壁塔　縣南回山村淸咸豐丙辰建

羅紋塔　縣南下里塔山

大塔　縣東上蔡㟼村瓦窰峯頂

羊精塔　縣東董村新宅嶺上詳軼聞

新昌縣志卷十七

寺觀

寶巖寺（原志作嚴）　縣西九十步晉開運二年趙仁爽建漢乾祐二年吳越給釋天院額大中祥符元年改今額（嘉泰會稽志）　大理寺評事石渥捨田贍之大中祥符改寶殿院元爲祝聖都道場明洪武十五年改禪寺萬歷六年知縣田琯重修邑人呂鳴太捐資助工至清嘉慶道光兩次皆石氏捐修焉

寶相寺　縣西南五里南明山初晉僧曇光棲蹟於此自號隱岳故以隱岳名齊永明中僧護鑿石造彌勒佛建寺號石城至梁天監十二年像始成身高百尺劉勰作記唐會昌五年建三層

閣改寺曰瑞像閣大中祥符元年賜今額以歲久傾圮淳熙元年僧智高一新之（嘉泰會稽志）在南明之陽東晉僧曇光開山齊永明中僧護僧淑及梁天監中僧祐相繼造石佛像身高十丈龕高一十一丈後梁開平中吳越王錢鏐賜錢八十萬貫造閣三層東西七間高一十五丈又出珍寶鉅萬建屋三百餘楹後鏐之孫俶又列二菩薩夾侍閣前身高七丈宋景德中邑人石湛鑄銅鐘一口董遂良等捨錢百萬粧飾金像又詣闕請經一藏石氏又起轉經藏并寶殿以安之賜額寶相厥後侍像亦壞元元統二年僧普光更爲坐像二高六丈五尺又以銅絲爲網護於其前永樂九年住持僧裔重建三門毘盧閣凡三層五楹高

十三丈五尺正統中悉燬之於火今惟僧房十數間而已萬歷志

僧護常隱於此護始到夜聞鐘磬仙樂之音又時現佛像煒煌可駭由是啓願鑿百尺彌勒像像成端嚴偉特名聞中外其最異者像自石中鑿出今佛身之後石壁之上有自然圓暈如大車輪正當佛首而四方闊狹無毫釐差佛身高廣則咸平僧瑞嘗爲記之云按劉勰舊記齊永明四年有浮屠氏僧護嘗矢誓三生躬造彌勒之像梁天監十二年始爲經營開鑿洎其成功凡龕高一十一丈廣七丈深五丈佛身通高十丈座高五丈有六尺其面自髮際至頤長一丈八尺廣亦如之目長六尺三寸眉長七尺五寸耳長一丈二尺鼻長五尺三寸口廣六尺二寸

從髮際至頂高一丈三尺指掌通長一丈二尺五寸廣六尺五寸足亦如之兩膝踟趺相距四丈五尺壯麗殊特四八之相罔勿畢具諒嘉陵弁郡石像外至於斯天下鮮可比擬者（乾隆府志）咸豐辛酉燬於粵匪同治間住持品蓮募捐重建旋燬於光緒間品蓮復募捐重建光緒二十五年佛座前無量橋左首傾折住持僧碧峯鑿石重築民國六年佛像剝蝕住持僧文治至滬募化猶太國人哈同妻羅氏迦陵捐助重修己三千金至七年落成（採稿增）劉勰所製碑文詳金石中按原科舉志又有錢惟演一碑今未見

宋錢鏐王隱岳洞詩

百尺金容連翠岳三層寶閣倚青霄手爐香熖申卑願願降殊祥福帝堯

明尚書呂光洵和詩

南山石室倚苕蕘攜客登臨近紫霄沉醉不知風落帽坐看擊壤共歌堯

參議俞則全和詩

百重錦樹圍丹洞千疊青蓮障碧霄列缺古碑猶辨宋依微殘字尙存堯

尙書潘晟和詩

一壑青雲晴滿岫千尋蒼幹欝昂霄寒巖夢裏應求說春雨耕殘暫樂堯

縣令蕭敏道和詩

樹杪飛雲流翠壁月華山峽吐丹霄摩挲古碣存遺句百代相傳祝聖堯

淸知縣雲間楊葆光宴大佛寺詩

人生處世若夢幻消遣莫若娛淸遊我生七十有七載歷盡喜怒悲思憂茲來沃洲忽八月守正每致招慫尤忠而被謗亦常事我心無愧終夷猶同人愛我爲逭暑出郭五里山逾幽寺名寶相藏大佛溯時乃閱齊梁周鑿石爲佛就山勢山容凹凸金身遒我聞佛乃大智慧與石靈蠢兩不侔藏巧於拙有深意佛聞我語亦點頭同遊健步試猱捷竹梯直上攜俊儔壁立萬仞目親覩掉臂逕躡逍遙樓客不能從亦無悶愧無豪氣陵滄洲登高能賦古所貴到此寂寞彌自羞還鄉未得且覓醉罰寬金谷頻勸酬舉杯問佛佛亦醉何來藭惱胸中留我歌且斟日已暮被襟歸路風颼颼

福聖寺　縣北八十步周顯德元年僧招度建五年吳越給無礙

浴院額大中祥符元年改福聖院（嘉泰會稽志）洪武十五年改禪寺（原志）

地藏寺　縣西南近渡佛橋（增）

青陽寺　新東門內相傳卽俞威遠家基地起義時自行燒燬後以祀仕新而有功德於民者咸豐辛酉燬於兵燹光緒間在城紳耆重建

青林寺　東門外二里（增）

南巖寺　縣西南二十里宋元嘉中建號南巖院會昌廢咸通八年重建大中祥符元年改祖印院（嘉泰會稽志）洪武十五年改禪寺寺有石刊唐宣尉師行狀乃中散大夫荊州刺史李邕撰幷書

原志今碑已佚咸同間燬於賊同治九年由僧戒淸募捐重建採稿

鐵佛寺 縣西二十里在南巖山增

興善寺 縣西十五里後溪村增

地藏寺 縣西二十五里梅渚村增

九峯寺 縣西南二十里宋元嘉二年建唐咸通八年賜列翠院額嘉泰會稽志 洪武初改禪寺

宋石衍之詩

九峯環遶白雲遮山好何如博士家日永祇應鬬鳥雀春回猶未到桑麻陶潛欲往誰沽酒陸羽惟便自煮茶遂作香山白居士後人應入畫圖誇

興福寺 縣西南四十里晉太康十一年西域僧幽閒卜築於此號新建寺會昌廢大中祥符元年重建廣明元年賜號興國禪

院治平三年改興福院嘉泰會稽志

唐盧綸興福寺後池詩

隔窗棲白鳥似與鑑湖鄰月照何年樹花逢幾世人岸莎青有路苔徑綠無塵願得依僧住山中老此身

明邑人呂光化詩

慢促絲繮入翠微珠林深處扣禪扉定僧笑向雲中出詩客吟從畫裏歸霜葉幻成霞彩爛梵音散作雨花飛我來欲盡盧綸興踏破蒼苔幾處衣

普潤寺　縣西三十五里晉天福六年建號華巖院後改清潭院治平三年改普潤院嘉泰會稽志

鷲峯寺　縣東南六十里本號靈巖院唐天寶三年建會昌廢後唐清泰二年重建嘉祐七年改鷲峯院嘉泰會稽志　明洪治十年改禪寺

華藏寺　縣東南六十里本號龍巖院唐龍紀元年僧文肅建治

平三年改今額嘉泰會稽志明隆慶五年僧正鵬正人重建原志

元訓導張泳渥詩

天王南狩未興兵故舊相逢各悵情紺宇小僧聊供飲亂山危徑得同行中華多壘誰强戰野老何心自力耕豈必桃源堪避世結茅端坐寄余生

明縣令田琯詩

屐染苔痕薄巡行偷閒半日喜逢僧懸崖漫想鳬飛舃古刹曾聞石聽經夜靜鐘鐃縈客夢秋深松竹逼人清當年不作東山臥莫惜殷生負盛名

九巖寺　縣東南六十里唐會昌六年僧師祐建後唐清泰二年吳越給九巖院額大中祥符元年賜惠雲院額東廡有水出石罅間名蒙泉嘉泰會稽志明洪武十五年改禪寺原志

天姥寺　縣東南六十里周廣順元年大寂禪師德韶建號天姥院宋至道三年改賜廣福院嘉泰會稽志在天姥山中明洪武十五年改禪寺寺傍有接台館上官及使客往來俱宿於此寺原額

田二百六十畝後漸爲豪强所侵嘉靖十九年知縣何孟倫核正還寺三十年知縣卓爾鐫之石

按該寺於民國六七年因變產涉訟經知事金城擬訂保管規則呈奉會稽道尹轉呈浙江省長咨部核准規則列後 第一條 天姥寺爲新邑名勝古剎遵照管理寺廟條例第三條由新昌縣知事特別保護之 第二條 縣知事得參照保存古物暫行辦法令縣自治委員及天姥寺所在地區自治委員同負保護之責自治委員依據前項委任對於寺產有監察之權 第三條 寺外有李白夢遊處碑石一方責成天姥寺住持切實保管不得毀壞 第四條 寺内產業經此次清理贖回後由縣令自治委員將所有田地山場之字號畝分土名坵爿詳細查明製產業簿二本一存縣署備案一交住持按簿管理之 第五條 寺内將來添置產業時由住持補入產業簿以備查考並呈請縣署備案 第六條 寺内財產住持僧衆不得典賣或處分之俗家人民亦不得藉端侵佔倘有私立契約一經覺察按照條例第二十五條收回原有財產并各科以相當之處分 第七條 住持如有違背管理之義務者由縣知事懲誡或撤退之寺内因而受損害者並責令賠償 第八條 住持須量入爲出將寺内各項收支逐日登記於收支總簿每屆年終彙報縣署查核 第九條 寺内經典及器皿雜物由住持列册保存不得任意毀棄 第十條 住持交替時前住持須將寺内財產物件連同應用簿據造册點交

後任住持接管並由縣派員監盤以昭愼重　第十一條　住持任期依本地寺廟習慣以五年爲一任任滿連舉得連任之　第十二條　住持須戒行高潔教義精通者方可充任遇須交換時先由自治委員督同寺內住持公舉合格者呈縣核准充當如無相當戒僧得公推與該寺同一宗派之高潔戒僧二人呈縣選充　第十三條　住持如不守清規一經覺察或經人告發得實者由縣知事懲誡或撤退之　第十四條　寺內事務均由住持管理外人不得干涉就近居民亦不得入寺滋擾如有前項情事住持得呈請縣知事懲辦　第十五條　寺前後山地須一律培養森林以壯觀瞻　第十六條　本規則呈請核准後勒石寺內以資永守

明舉人俞應肅詩

攀蘿躡蹬指山行行過桃源雨復晴竹裏僧閒留客坐林間鳥語雜人聲峯齊華岱千年壯路入天台半日程郤喜何公碑尚在相携共醉法堂清

寶福寺　縣東一十五里本號道德保安院周顯德三年建治平三年改寶福院嘉泰會稽志　明洪武十五年改禪寺今廢原志

眞覺寺　居沃洲之陽天姥之陰晋白道猷竺法潛支道林乾興淵支道開威緼崇實光誠裴藏濟度逞印皆嘗居焉會昌廢大

中二年有頭陀白寂然來遊戀戀不能去廉使元微之始爲卜築白樂天作記以爲東南山水越爲首剡爲面沃洲天姥爲眉目其稱之如此舊名眞封寺不知其始治平三年賜今額嘉泰會稽志　明洪武十五年改禪寺原志

邑人俞邦鼎眞覺寺詩

山僧洗鉢薦胡麻裊裊鐘聲隔院賒我欲尋眞因到此東風吹落杖頭花

顯聖寺　縣東四十三里雅坑村增

眞如講寺　在三十都明洪武十五年改額講寺原志

昌法寺　縣東四十里本號靈慶院周廣順元年建宋治平三年改昌法院嘉泰會稽志　明法武十五年改昌教寺今廢原志

盤山寺　在三十一都寺後有空穴蓋假以防侵僭者後有人欲

冐爲己有知縣田琯立案刊石以杜爭端萬歷志

香林寺　縣東北三十里本號梅林院周顯德四年建嘉泰會稽志在三十四都宋治平三年改香林寺明洪武十五年改禪寺旁有石鼓原志

方廣講寺　縣東北一十五里本號華巖寺宋乾德六年建治平三年改方廣院嘉泰會稽志洪武十五年改講寺東有俞氏偶司庵原志

普門寺　縣東三十里本號觀音院晉天福八年建治平三年賜今額嘉泰會稽志

天宮寺　縣東北三十里本號靈居院在三十八都梁普通元年

建會昌廢天順元年重建宋治平三年改天宮院嘉泰會稽志明洪武十五年改禪寺

興福寺　在十五都晉太康十一年建宋治平中改今額原志

雲居寺　縣東北三十里宋元嘉二年建會昌廢天福九年吳越重建號石門寺大中祥符元年改賜今號嘉泰會稽志

大明寺　縣東北二十五里昔沙門法乾支道林白道猷卜築東岇山晉隆和元年賜號東岇寺會昌廢後唐同光元年重建後徙高䃜大中祥符元年改賜今額嘉泰會稽志

壽昌寺　在十八都舊關嶺接待院明洪武十五年改禪寺原志

憩松寺　在二十一都洪武十五年改禪寺原志

小石硎寺　在二十都縣東二十里外有路廊原志

淸涼寺　在十八九都藤公嶺上康熙甲午僧矢洪創建其徒遠謙禪師等又續建方丈大悲閣千佛樓乾隆府志

淸巡撫常安碑記

天台山北有斑竹村南有萬年寺皆可爲逆旅駐足之區然相去六十餘里藤蘿轇轕犖确磊硐必先過會墅嶺次過藤公嶺二嶺天姥之門戶也陡險屈曲會墅已足駭目而藤公五倍之憩立嶺巔俯視羣峯以萬計俱在足下行人苦之且二嶺之間無旅店郵亭可以暫息伏莽興戎不無戒警我朝密祖下第四世孫以請禪師矢洪甲午歲於二嶺之間創無量功德遂披荊闢徑建立道場一時芒屩東來風雨得蔽蔬食得餐不患燥濕不畏寇盜故爰止者益多功未竟而圓寂伊嗣遠謙力起而續成之凡山門殿宇方丈庵廡一一咸備而禪燈睒睒又能吸西江而參水月則宗風之丕振行旅之得所兩有藉焉按志載天台舊有淸涼寺在縣之東坑基址已沒寺成遂以淸涼名之昔西國多剜腦焚身以示普渡若曰惟空諸所有而後有者乃大經禪師從實地著力有基勿壞與維摩同十笏彌勒同一龕誰曰不可况夫規模廣大垂庇無窮哉余撫兩浙甲子歲巡視甌越過此止宿遠謙歷數其寺所由興與夫襲名之梗槪力以碑請夫程子謂三代禮樂猶在禪林明太祖謂佛法以助王綱因思矢洪開山以來向之巉巖峭削不可梯接者今

可棲遲有所用以利徒行而清塵界豈止有功於方外哉方今聖明在上四海昇平十方緇流各敦本業矧天台爲修眞之淨土而清凉尤入台之門戶耶遂爲之記

接引寺　縣東十八九都 增

元眞庵　縣西五里

明呂光洵重建古山元眞庵碑銘

古山舊名鼓山去縣治二三里自昔有觀觀有玄眞帝師塑像不知幾百年矣厥後觀毀像亦遷於他道院又數十年洵歸自滇中乃於觀故址之南飭宇數楹莊嚴法像以其仍舊蹟也乃更名古山而因以顏其庵云山當縣西南兩隅之缺翼以棟宇若障若屏與上下林樾相映蔽風氣以固邑居以甯而帝師之靈益以妥矣按道經帝師以開皇元年三月三日誕於淨樂國王之宮中生而神靈長而聖武棄王嗣弗居發大願誓入武當山中悟道修眞四十餘年道成昇天謁上帝帝命攝眞武之位以神教伏天下羣魔以是元化大行天下咸稱救主帝師其事甚奇而經籙所載古今所共傳蓋不誣也由開皇以來列代罔不欽崇祠祀徧天下我高皇帝時令建祠於鍾陵之地歲時祭享祝帛粢盛之儀咸掌於太常蓋其重矣至我世宗皇帝爰飭武當舊宇又鼎建新宮於徽之齊雲山炳燿煇煌視舊制不啻更盛矣精誠祇格靈貺昭明玄默之化運行內外罔不欽若記曰鬼神之德其盛矣乎體物而不可遺詎不信夫洵之先考尙書府君中歲慕道作諸善果事

帝師尤謹自童稚習見之厥後洵從縉紳之末四十餘年亟承景貺嘗以御史按關西巡京宮又以冬官董役廬橋中臺出撫滇南洊歷嶮巇危而不殆皆帝師英靈降鑒而陰相之蓋嘗徵諸夢寐其應如響斯亦靈異矣哉嘉靖丁卯冬洵歸故里夙夜祗畏每月朔望必趨拜祠下粤四歲辛未十二月十有七日長男應鼎生於今頭角稍見庶幾嗣祀承家無替我先考之德我帝師大造之恩洽於三世寔與覆峙並矣洵旦夕營營竊欲宣厥靈顯夫勺水何以加潤於滄瀛區石何以增高於泰華我於是稽首頓首而獻頌曰於維帝師三教之宗於維帝師萬法攸同儲精名嶽毓秀王宮不際王爵大道是崇玄微咸格化育無窮上助邦祚下憫困煢維余顯考祗若神聽至老靡他一念忡忡維余無似恒惕於中役於四方屛屛營營帝師降鑒牖我顯蒙嶮巇弗躓退食明農虔事帝師黍稷是供帝師丕佑顯顯融融佑我嗣子岐岐顒顒佑我嗣子無眚無恫以承先德克長克恭維余悽悽罔揭愚衷迺相仙宇名山之巘衮繪斤斵維飭維共百□□□肅肅忡忡敢曰酬賜敢曰報功庶幾夙夜弗替弗慵粤瞻仙宇嚴恪威容維是仙宇萬民景從惟千萬年與山並隆

清乾隆十七年禮部侍郎天台齊召南重修古山觀碑記

離新邑西三里許有圓阜巋然曰古山山固有觀曰元眞係奉武元天帝由來久矣觀當闤闠之衝往來叢雜興廢靡常觀南即宋石克齋先生書院有石坊峙道左院之與觀犬牙相錯唇齒相依所以觀興則書院亦與俱興興道觀即興書院之兆也歷考前代往往如是嘉靖丁卯是邑呂沃洲先生撫滇歸以封翁尚書芝山府君一生慕道于眞武事之尤謹遂體父志於此重飭棟宇莊嚴法相題曰古

山觀其碑石尚在可稽係萬歷丙子夏所勒也彼時書院亦蔚乎其盛至明季滄桑之變吾於越苦遭兵燹庭宇半多頹廢即間有存者亦上雨旁風若書院竟鞠爲茂草矣乾隆辛未歲臨海紫陽觀秦抱眞之法孫曰王洞虛者過而見之慨然嘆曰奈何負郭屏山使古蹟草淹遺像塵錮耶遂經檀越延請至山結茅立足整金闕之化身朝夕焚香誦經禮斗荷神之靈地方日有起色檀越呂氏暨石氏諸君感其誠敬問曰爾有志重興乎我等願爲之助洞虛曰然於是沿村募化鳩工庀材期年間而廟貌聿新正殿三楹左右夾室各三楹又期年而神像輝煌金容炳爍幷添三官寶殿於其右以故求福田者四方雲集當事聞之亦喜茲西郊獲增保障遂來拈香懸匾而石氏諸君亦羣起重建書院之議矣則斯觀之興豈特有裨於元門而已哉所以家巨山爲製一聯云廟貌重新眞武英靈昭北極斯文未墜石家書院在東鄰良不誣也今年春衆以碑記走請於余夫古山當新邑孔道吾台人出入京省所必由亦敝邑之門戶咽喉也羽士王洞虛及呂氏諸君相與復古有志竟成使十年荒莽之地一旦煥然無廢前人無侈後觀烏可弗紀焉雖然區區之意固樂斯觀之克成於今日尤望書院之繼起於將來也姑爲之記

濟渡庵　在東門外邑人呂登以洪水衝橋特捐地建庵守之原志

濟川庵　在北門外明萬歷四十三年邑人潘復寵呂汾張立成俞秉度潘鳴虞俞秉雉張延儒呂偉建以護濟川橋原志

獅虛庵　在三都邑人丁月海捨宅潘和等助建原志

希聲庵　在石鼓山三清廟前原志

萬福庵　在城六坊增

祇園庵　在青陽門內

翰林院編修陳捷創建祇園庵碑記

青陽門內迤北數十步有庵曰祇園創之者隱源和尚偕其徒潤生也前此頹垣一帶廢而不治者有年矣居民之殤而無後者雜厝其間白骨纍纍凄風陰雨之夕鬼哭時聞行路爲之傷心和尚顧而嘆曰安得此間化爲淨土乎乃訪魚鱗舊册循次而稽知爲某某諸舊家產遂造門而乞捨焉業主亦忻然畀之既得此址先於廢塚內遍拾枯骨彙而登諸一塔節屆清明及中元下元之會輒設齋禮懺以度之視前此之暴露於荊棘中者相去遠矣由是案基之廣袤諏日鳩工創興梵宇前後左右榱棟煥然且濬曲池以印月植修竹以留雲花雨繽紛晨鐘暮鼓令人恍然作塵埃外想是役也土木磚石之需堂構丹雘之勤和尚直以身任之庵既落成復置田以爲香積之資其用心可謂周且篤矣一日欲以締造之由及各家所捨基地與所自置田畝勒石以垂不朽乞言於余余喜其有功於此地者甚大不僅供一時禪悅已也遂盥掌揮毫而爲之記　康熙四十九年

教諭陸以誠移建觀音閣重修祇園庵碑記

孔子沒而楊朱墨翟之言盈天下浮屠之說近乎墨者也漢唐以來府州縣衙各立學宮崇祀孔子門曰大成廟曰先師堂曰明倫閣曰尊經所以正人心而絕異端者至矣新昌南城外掛榜巖在縣之離方黌宮之虎首雍正年間有游僧築小閣奉大士鐘梵之聲日盛弦歌之數日衰城中且多火災紳士議毀之緣歲旱有禱輒應知縣事者每因循不果歲丁未住僧鑿巖拓基添置寮房城中連遭大火先是有八十老人字燮三者精地理因閣之建歷叙吉凶禍福之應一一皆驗至是益信其說首事呂栖陳瀠潘祖鈐呂振緒呂克勤呂大受俞鋆呂司壎呂天球呂履正呂諱陳毓明呂豫正呂令緒陳際亨俞大鑰呂兆清俞湛潘武勳呂周緒呂萬清張士現呂學著陳曦劉治國呂萬選俞國器俞萬清呂岐音何彥呂虞培陳子魴俞世清呂藍玉等來告余集諸紳士於明倫堂公議會青陽門北有祇園庵廢址遂請命邑宰鄧公定議移建與諸生兩告之曰浮屠之說儒者疾之以爲無預於世天下飢渴而不思所以救也吾觀佛氏而獨尊觀世音菩薩者蓋以慈悲爲心推其願所至盡斯人而登於善未嘗大背乎孔氏之旨而菩薩之化身又有大悲觀世音之稱夫斯世斯民之可悲者莫若旱魃爲虐祝融爲災移之則利於黌宮免於大患而旱仍可以禱行之一事而三善兼焉者其是之謂與戊申五月初十日請大士下山歲方苦旱是日甘霖立沛民益踴躍越明年己酉冬即落成前殿五楹中殿五楹後啟閣三層左右僧寮各九間山門三間不修不陋紺宇嚴整掛榜巖及觀音閣恭心亭舊址歸學內輸糧巖間養成竹木蔚然深秀永禁起造惟祇園庵舊有庵產若干畝前爲住持僧心正盜賣前邑宰訊明詳請府憲李

今春任公蒞任奉檄飭令捨還庵中供香火資誠爲久遠計也因思移建以來地方甯靜年穀順成菩薩豈無預於世而不思所以報飢溺者哉韓子云有墨名而儒行者明太祖謂佛法亦助王綱不信然與至吉凶禍福之說儒者不道而趨吉避凶亦君子所尚也爰記移建之由俾後之覽者知非徒崇尚佛教正爲政者興利除弊之一端云斯役也始終經營不吝利財呂生周緒也鳩工庀材不避嫌怨呂生萬選也朝夕監督不辭勞苦俞生濬呂生虞音也而諸紳士俱能協力同心爲出私錢以襄其成凡此皆其可書者也用刋之石余亦何敢以不文辭

盤山寺僧善初置産碑記

吾師際雲大和尚精修戒律在清涼登壇蒞事度比丘衆有年矣乾隆五十四年間邑紳士重建祇園精舍落成之後延師持住師命徒僧常曜代爲經理以庵産僅供香火瓶鉢皆空將自置坐清涼田二十七畝捐入庵中供齋費師病彌留囑初與曜曰余將清涼田移捐是庵於此有餘必於彼不足特權宜之計非久遠之謀況田坐清涼寺前肩運亦大不易嗣後汝一一當善成吾志言訖而逝今師圓寂已數十年在盤山寺苦積餘資歷年添置適符前數業令前任邑主呈請便易准勒石在案初今年八旬矣誠恐溘先朝露爰將自置田畝字號鐫入碑中嗣後坐清涼者仍歸清涼收花所置近城之田歸祇園收花彼此均便遠近咸宜庶於師言爲不負而初志亦稍慰云是爲記　道光十八年

清泰庵　在西門外石宕嶴

海陽朱徽清泰庵碑記

環新皆山也其山之傳千古而名於今者曰天姥曰沃洲皆去邑遼遠其最近者爲南明余嘗遊南明循小徑盤嶺屈曲而上興倦則遊千佛巖踰溝而返西望樹林陰鬱屋角隱現壓山之腰捧山之腹與向所遊盤谷寺略似問爲何山從者曰山無名其寺名清泰庵余曰異哉此地咫尺南明僧舍之廣香積之饒不於彼受供養乃於此苦修持非修眞養性者不能一朝居詢之因以知圓寂僧之爲慧安而了凡了塵其徒也乃居梵宇之新疑其剎之非古而念修行之苦悲其供之無常從者曰否否此庵創於邑人呂巨川者好義士也發慈悲念爲歡喜心繚垣覆瓦析田而優養之緇流之種福田廣利益者數百年於茲矣余聞而慕之曰巨川眞大有造於此山哉向非巨川不過叢荊棘牧牛羊日尋斤斧爲頑童所蹂踐已耳安得幽窈深遠爲世外之精舍也乎抑又聞巨川自建庵後喜其地接城西而杖履往來其間及其沒也則穴於其右嗚呼是處靑山可埋骨而百歲神遊猶戀戀於其處宜乎山靈呵護而昌其後嗣也今其後嗣與慧安之徒追念前勳恐遠而忘其所自甚則久而失其所守也爰將田畝字號勒石以傳於後請余記其事余因勉其裔過墓則思永言繼序又戒其徒衣鉢所抒毋忘蔭樾且語之曰眞心作福此處即是名山清泰庵之謂矣遂書於石

興福庵　一名觀音堂在縣治東王家巷口嘉慶辛未災於火道光乙酉呂夢麟高學義卜禮望募捐重建又禮望妻盧氏募捐

建後殿樓三楹俞陳氏同子乘蓮等捨基地一座增

掬香庵　在西門外里許施長茶光緒間改建胡公殿增

清虛庵　在桃源觀西宋乾道間晦庵先生遊水簾還訪梁叔平

同宿於庵萬歷志　今廢

梁叔平詩

幽齋共坐論工夫借問先生識此無悟得此中眞妙訣人間始信有仙壺

晦庵先生題來月軒以答詩

夜吟惟覺月來遲正憶先生獨坐時離緒幾多無着處不堪清氣入詩脾

獅子庵　縣東十五里王泗洲村增

蕊珠庵　縣東十五里拔茅村增

永福庵　縣東十五里拔茅村增

積聖庵　縣東二十里拔茅村增

福壽庵　縣東十五里拔茅村增

巖角庵　縣東二十六里石岸村增

經堂　縣東二十三里蘭沿村增

連善庵　縣東二十五里前岸村增

古經堂　縣東三十里長詔村增

避路庵　縣東二十五里嵈嵁村增

章山庵　縣東四十里裏任村增

雙坑庵　縣東四十里鄭家村增

干坑庵　縣東三十里干坑村增

大覺庵　縣東三十里赤土村增

九石庵　縣東三十里燕窠村增

太平庵　縣東五十里明成化間僧世庵募建儒嶴村潘大道捐助庵基

紫筠庵　縣東五十四里十八九都增

讓里庵　縣東六十五里原名永泉庵有田八畝零增

護龍庵　縣東四十八里朱部村增

寶善庵　縣東四十八里朱部村增

錫福庵　縣東四十八里朱部村增

普濟庵　縣東二十都吳國興建造兼茶亭增

保泉庵　縣東二十都兼茶亭增

善政庵　縣東二十都兼茶亭增

多白庵　縣東下姥嶺邑人張中建原志

岫雲庵　縣東四十里在桃源洞撥雲峯下即劉阮採藥處邑人張東屏建原志

水簾庵　在水簾洞側東岬志畧東晉咸和間竺道潛辭朝出都建禪院於東岬山水簾洞側明嘉靖二十八年郡守沈啓捐俸修葺崇禎九年僧明爲領其繼母何氏捨貲重建崇禎十六年於佛殿後建追遁庵熙康二十一年僧融徹建觀瀑樓二十二年又建參龍臺原志

清吳橋知縣邑人王性之記

汎覽霞笈所載宇內洞天福地其中幽奇靈異皆名流高衲之蹤嘗聞左元放遊

華陽洞窅渺不可即清齋三月而洞門始啓繇是知勝域名區必待畸人相須而顯也吾新邑居剡上游李青蓮有自愛名山入剡中之句且新壤原分於剡半擷金庭之雲半接赤城之霞中多佛影仙蹟而沃洲水簾尤爲標勝二者並在東岇間即霞笈所稱洞天福地也巖壑奇秀競於天而爭於人在昔白公道猷竺公道潛支公遁暨十八高僧與十八名賢同山光水色交映上下香山記之詳矣海淺桑榮無地不興烏兎之感邇有弘宗明潙大師者嗣雲門湛老人訪道天台路經東岇徘徊諸公之芳躅刻志爲水簾押銀蒜而控玉鈎結茅洞於絕頂久之稟命母氏何捐資庀材就水簾禪院舊址爲山門爲佛殿爲後樓爲左右輔翼種種像設咸具以至僧寮庖湢之屬靡不備焉又置田一百三十畝以永綏其基此大師內行之餘見諸外業者有如此克襄其績而能高其足者爲果澄師初升其堂而繼入其室者爲高僧融徹和尚水簾沃洲平分一座是役也經始於崇禎歲在丙子訖工於癸未余叨法王三世交敢以硯削之餘貽山光水色之哂乎天予之地承之人經緯之故曰相須而顯也豈洞天福地獨讓能於天地也哉

古鄮毛雷龍水簾庵詩

紫殿朱扉襯碧嵐蛟珠箔外小花庵不聞絃誦聞鐘磬誰識蝦鬚掛洞龕

僧融徹追遁庵詩

千古畸人蹟重來結小瓢買山思往事流水是今朝荷冷葉堪禦松飢花自饒雖然止十笏容得海天遙

聞性道追遁庵詩

道林嘗買山雲巒已入劵追者復何人好向山頭販

潘瀫觀瀑樓詩

高樓眞與白雲齊徙倚南窗觀瀑飛我與高樓借一榻夜深風雨聽鳴雞

僧眞貫叅龍謠并序

甲子花朝游岬山之水簾承徹兄和尚招也山爲晉竺法深國師高隱處昔有一龍聽法座下欲置潭其側穴巖將半國師不許而止即今之水簾洞是也明季弘宗大師重創大師爲徹和尚祖其未了案徹兄莫不愈增金碧而庭前月臺築自癸亥冬實能舒展餘氣容納英華臺成署曰叅龍屬余贅文記其事數辭不允臨歸復留一日聊爲塞白向非無臺臺逼且么今始有名名因實標廓一龍聞法之窄令千人立雪而饒深公徹公先後振此山椒龍乎人耶翕然窅渺相與於此而追遙方其治也喜人力自來而不待招攻石他山運土別岫經之營之不以爲勞連陰開兮積雨止風不厲兮日凌霄吾知人龍襄厥非寥寥媧皇之煉精衛之銜曾何益乎深高素嚮沃洲而昨往觀之儼然沙磧蔽乎荊蒿地以人重斯言弗祧校之此臺奚自天遙苟馴乎叅何慮其驕野鴨飛過從渠卷席田務歸來亦任插鍬共徜徉其無事觀簾水之飄飄

摘星庵　在東岬山上今廢

追遁庵　在水簾洞上今廢

萬興庵　縣東三十里仁智嶺上庵外有路亭增

西勝庵　縣東二十五里西山村左俗稱舊庵增

普濟庵　縣東二十五里在西勝庵之前增

塘頭庵　縣東二十五里在普濟庵之前增

留眞庵　縣東二十五里在西勝庵之後增

西同庵　縣東二十里同坑嶺一名袁義庵明萬歷間袁大志捐地捨田施長茶以濟行人增

九天庵　縣東三十五里大市聚街後近祓燬增

般若庵　縣東三十五里大市聚下路廊之左增

天然庵　縣東三十五里大市聚天醫廟之右增

聖諭庵　縣東三十五里大市聚近流河嶺增

廣福庵　縣東三十五里管家嶺村增
慈航庵　縣東三十六里後梁村增
聚雲庵　縣東三十里茅坪村增
積善庵　縣東三十里下王村增
永興庵　縣東四十里卜塢村增
傍山庵　縣東三十里上浦村增
進福庵　縣東三十里塔橋廟側增
回龍庵　縣東三十里下王村增
大聖庵　縣東四十里白石村增
天興庵　縣東三十五里花井欄村增

石斗庵　縣東四十五里後坑村增

石橋庵　縣東四十五里裏大坑村增

慶善庵　縣東二十五里西嶺頭增

望岳庵　縣東三十里雪潭下增

宅秀庵　縣東三十七里上球村增

瑞雲庵　縣東三十里鐘井村增

元公庵　縣東三十里上宅村增

思源庵　縣東二十六里漕洲村增

積聖庵　縣東二十里僉判嶺脚增

西福庵　縣東六十八里外小將村增

靜修庵　縣東六十八里外小將村增

永福庵　縣東七十里裏小將村增

菩提庵　縣東七十五里南洲村增

善慶庵　縣東八十里麟角村增

正心堂　縣東一百三十五里楊广村增

太平庵　縣東七十五里坑裏橋頭增

雲龍庵　縣東七十五里嶺頭陳村增

慈雲庵　縣東七十五里坑裏村增

成山庵　縣東八十五里橋頭王村增

雲峯庵　縣東六十里埠頭村增

永濟庵　縣東七十里順嶺增

興鎮庵　縣東六十里平山村增

廣濟庵　縣東六十里舊塢村增

朱母嶺庵　縣東五十五里在嶺上增

雪斗庵　縣東八十里麟角村增

寶相庵　縣東八十里莒溪村增

金鎖庵　縣東八十里莒溪村增

進福庵　縣東八十五里溪口村增

望月庵　縣東九十里中溪村增

永福庵　縣東九十里中溪村增

普濟庵　縣東九十二里東田村增

無尙庵　縣東九十四里唐家村增

承福庵　縣東九十里雪溪村增

小隱庵　縣東九十里雪溪村宋桐岡武功大夫董公健之墓在焉增

法華庵　縣東八十五里堰頭村增

祚福庵　縣東三十里胡卜村胡亮勳重建增

惠方庵　縣東三十里胡卜村下盤山寺置增

菩提庵　縣東四十五里上祝村僧胡聖志建增

曇花庵　縣東三十里卽墩頭庵增

毓靈庵　縣東三十里沓林村增

雲佑庵　縣東三十里沓林村在馬岸橋頭增

協濟庵　縣東三十里沓林村即橋頭庵增

毓秀庵　縣東三十五里竹岸村在義橋頭增

賜福庵　縣東四十五里在巖頭北村增

貝葉庵　縣東四十五里東莊村增

普濟庵　縣東四十五里龍皇堂村增

永濟庵　縣東四十里王家莊村增

善慶庵　縣東四十里嚴家山村增

濟渡庵　縣東四十里黃沙田增

水口庵　縣東四十五里丹坑村增

慈雲庵　縣東五十里唐家洲村增

萬壽庵　縣東五十里唐家洲村橋頭增

永順庵　縣東六十里王家巖村增

齊福庵　縣東七十里眞詔村俞唐合建增

眞嶺庵　縣東七十里眞詔村俞唐合建增

龍福庵　縣東七十三里上徐村增

積善庵　縣東七十三里上徐村增

征覺庵　縣東七十八里竹獅山增

水月庵　縣東七十里在沙溪水口朱搭建增

蓮峯庵　縣東七十三里卽下畧庵增

湧蓮庵　縣東七十里在孫家田橋頭增

半嶺庵　縣東七十里在陳公嶺連嵊界嵊人王姓者屢欲强僭不可不防明訓導吕華捨田四畝及孫唐石三姓共捨田一十五畝以給行漿費原志

法通村　縣東八十里在三十都剡界嶺頭道人金覺渭捐貲置田五畝施茶以供來往者原志

福聚庵　縣東九十里上蔡畧村卽水口庵增

雲峯庵　縣東九十里上蔡畧村卽小麥庵增

大慈庵　縣東九十里上蔡畧村卽大庵增

淨雲庵　縣東九十里上蔡嶴王坂田增

白竹嶺庵　縣東六十里白竹嶺增

善應庵　縣東六十里生田下村增

永福庵　縣東六十里生田下村增

普濟庵　縣東七十里外洩下崀嶺頭增

永昌庵　縣東七十里董村新宅水口增

永慶庵　縣東七十里董村門樓裏增

緣慶庵　縣東七十里董村蟠松今廢

南湖庵　縣東七十里董村米芾書扁今廢

龍泉庵　縣東七十五里上龜坑增

道士盤　縣東七十五里旁有天仙庵增

福雲庵　縣東七十里蔣公山增

毓秀庵　縣東九十里東田湖增

福慶庵　縣東九十里下蔡𡋡村增

雙獅庵　縣東九十里下蔡𡋡村卽巖山庵增

頭佗殿　縣南十三都庵頂山麓僞漢陳友諒敗死其將張定邊改易姓名號閦頭佗隱居於此有田十三畝增

萬壽庵　縣南十四都泄上山一名石幢寺有田六十四畝山百畝原志

鎮國庵　縣南十三都上岡頭村後有田十八畝增

報國庵　縣南十三都回山村有田七畝增

永明庵　縣南十三都長虬村有田十六畝一在十七都店基永明建增

萬聖庵　縣南十三都有田八畝一在十七都關嶺增

含雲庵　縣南十三都前汀後門有田二十四畝增

積善庵　縣南十四都即後馬庵有畝四十畝增

永福庵　縣南十四都有田八十畝增

上鎮庵　縣南十五都一名護修庵有田二十四畝增

下畝橋庵　縣南十五都有田十三畝增

長清庵　縣南十四都有田十八畝增

寶善庵　縣南十四都有田十八畝增

積善庵　縣南十四都一名周公庵有田二十畝增

金山庵　縣南一二都有田二十四畝增

梅平庵　縣南十三都有田三畝增

靜覺庵　縣南十六都下莊村增

鎮福庵　縣南十六都南詠村增

高湖庵　縣南十七都距前洋市三里增

夢覺庵　縣南十六都下章嶴增

大乘庵　縣南十七都距南山村里許增

青雲庵　縣南十七都長爿地增

崇興庵　縣南十四都下新宅有田十八畝增

永慶庵　縣南十六都樟花村北增

前洋庵　縣南十七都前洋市增

慧興庵　縣南十七都東山頭村增

雙溪庵　南十六都雙溪口裏增

後坑庵　縣南十七都距南山里許增

福盛庵　縣南十七都聚穀塢外乾隆四十五年王石兩姓建增

大悲庵　縣南一二都丁家塢村後增

王杜橋庵　在十八九都明尚書呂光洵捨田六畝零原志

永濟庵　縣西里許醴泉章文爔捐造置橋設渡并施長茶增

嶺頭庵　縣西五里花田嶺章敏捐造并置田十畝以施長茶增

福緣庵　縣西十里潛溪村係張呂俞并僧置產八十餘畝以辦理橋茶

護龍庵　縣西十里元磜村張氏捐田十餘畝以施長茶增

獅猨巖庵　縣西十里元磜張氏捐田十餘畝增

清福庵　縣西十里張家莊村光緒間新建增

西渡庵　縣西十里下三溪村黃王二姓捐造并助田七畝增

興福庵　縣西十五里西山村光緒二十八年合村重修有田十餘畝增

梅園庵　縣西十五里西山村有僧置產十餘畝增

廻龍庵　縣西十五里廟前地村增

普謂庵　縣西十五里後溪村下有田十四畝增

萬聚庵　縣西十五里後溪村施呂二姓捐造有田五畝增

滋德庵　縣西二十里五都村俞王二姓捐田十餘畝以施長茶增

黃泥橋庵　縣西二十里明尚書潘晟夫人俞氏建原志

蝙蝠庵　縣西十五里葫蘆嶴與侯村毘連處元嶴張氏建并捐田二十餘畝增

鎮龍庵　縣西十五里葫蘆嶴合村建造有田八畝增

靜巖庵　縣西二十里龍亭山村呂永慶捐造并助田十二畝增

觀音堂　縣西二十五里后山根村光緒間募建增

嶺脚庵　縣西二十三里山嘴頭村增

鷲雲庵　縣西二十五里山頭村王姓建造有田十餘畝增

廣錫庵　縣西二十五里上馬村有田六畝增

巖下庵　縣西二十五里馬家莊村有田八畝增

皆福庵　縣西二十五里坂田村張趙呂三姓同建增

集福庵　縣西二十五里鄉主廟側有田十餘畝增

萬聖庵　縣西三十里蘇秦村康熙十五年施吳二姓建造有田

與山五十餘畝增

廣甯庵　縣西三十里山泊村光緒間重建有田十畝增

永福庵　縣西二十五里夏裔村乾隆五十四年重建有田地十

餘畝增

萬春庵　縣西二十五里梅渚定波橋頭道光二十八年重建有田十餘畝增

興福庵　縣西二十五里梅渚村東同治間重建有田三十餘畝增

蓮花庵　縣西二十五里梅渚村前宣統間尼募建增

性庵　縣西八九都官塘村後增

義渡庵　縣西八九都射圃村增

中正庵　縣西八九都張家店村增

三明庵　縣西八九都上湖村增

招慶庵　縣西五六都九峯寺村有田二十八畝俞張二姓捐建增

棠園庵　縣西十都棠川村庵内產業爲每年施茶之用增

法華庵　縣西十都棠川村增

香山庵　縣西十都香山坪村瀨磯王雙溪捐田建造庵有王姓俞姓兩碑增

高川庵　縣西十都穿巖宋平章王鑰建造增

皇仰山庵　縣西十都遁山溪西朱錦文建造增

盤龍庵　縣西十都高家嶺增

護庵　縣西十都遁山增

碧霞庵　縣西十都康熙時慧成師建造增

普基庵　縣西十都普基山增

左于庵　縣西十都左于村增

天燈盞庵　縣西十都穿巖嶺脚增

天燭庵　在八九都原志

招福庵　縣北二十里藍田頭有田八畝增

慈雲庵　縣北二十里大麥衕村有田十二畝增

臥蓬庵　縣北二十里黄澤村有田十餘畝增

資福庵　縣北二十里前梁村乾隆十二年王呂二姓募建增

護龍庵　縣北二十五里蘭洲村道光間竺子順重修增

蓮峯庵　在縣北蓮峯嶺乾隆二年募建光緒間爲住僧瑞運出賣與耶蘇教士現改爲日生堂增

聚福庵　縣北十里渡皇山村雍正間募建增

靜度庵　縣北十里東塢村道光間張宗聖建增

方廣庵　縣北十里水口山村左光緒六年陳春松經理募捐重修增

聯桂庵　縣北二十里藕岸村旁康熙時建今改爲藕溪學校增

廣濟庵　縣北二十里藕岸村前里人呂聰四倡建以護橫溪橋渡幷施長茶增

石馬庵　縣北二十五里石馬山中欽村曹呂二姓合建以護石

馬橋增

慈雲庵　縣北二十五里鷓鴣村下合村共建增

大慧庵　縣北十七里山頭裏村建增

護珠庵　縣北十七里山頭裏村建增

護福庵　縣北十七里丁家園村明季静禪師卓錫其地里人吕仰峯捨基建康熙間潘珍聖捨竹園道光十一年僧開茂重修

白雲庵　縣北十五里沙山村上里許尼清能募建增

皷山眞聖觀　在三都石皷山東嶽行宫前宋紹興十四年知縣林安宅建寶慶中知縣趙時侌重建中有石太傅遺像

明邑人吕升詩

松梓發幽聲竹徑園秀色野人乘春間烏道不倦陟緬懷古君子再擇覩遺跡回

廓巖神像壞壁陰蘚蝕如何古名地屬此羽衣客顧我非異端感此長嘆息何當重居此閉門著方册

黃壁詩

萬緑陰中一徑斜高低樓閣是仙家汲泉煑茗坐來久馬上西風吹雨花

桃源觀　在東岬山下流河嶺北四面皆山一徑斜入桃花千樹松柏陰森中有環松軒雖夏無暑成化志今廢

嘉定間周益公與會稽章穎訪石天民編修遊桃源觀遇雨詩

桃源佳致絕塵埃惟有桃花樹樹開曉雨乍晴香作陣晚霞相映錦成堆觀中道士多幽趣席上詩翁試逸才劉阮欲尋仙子跡不須採藥到天台

章穎詩

繞觀參天萬樹松倚欄時見翠重重一坰曉霧浮天外半夜秋濤落枕中暮雨斷猿悲羃歷夕陽飛鳥度屏風采芝欲問長生訣只恐雲迷路不通

金庭道院　縣東六十里在王罕嶺陳永秩右軍祠堂碑文右軍隱剡東創金庭道院於罕嶺王氏家譜今廢

千佛院　在石城山齊永明中建佛塔上有宋咸淳九年邑中鄉

薦題名晉開運三年趙仁爽重建宋大中祥符中改七寶院明洪武十五年復名千佛院萬歷志

清道光十七年邑令朱元亨重建千佛禪院碑記

蓋聞泰岳有石閭嵩陽有石室是乃神仙雲駢出入之所與人世相敻絕故無貝闕琳宮之勝槃焉若東藩歷城最著名者千佛山因山之石鐫佛之像高下續紛橫衍數里重九登高士女如雲余陟其巔目擊夫佛之雨淋日炙風霜剝蝕竊恨無夸父其人爲之移石閭石室以供奉之傳燈錄云佛法無邊至此亦無如何也哉顧天地間鍾靈毓秀之奇何常之有不萃於彼即萃於此新邑西郊素稱佛地南明之北石城之陰引勝亭之下有古院也前對蟠虎環列如屏後有千丈嵯峨插雲其餘峯巒圍抱覺磊落而難名加以蒼松翠竹濃陰曲護雖去城三里許恍有仙凡之分困困焉盤盤焉假山凹以選佛憑巖穴爲高龕嵌空綷縩殿頂若華蓋之高張突兀玲瓏洞口若蟠龍之起舞壁間開舍利之地石上鏤無垢之國蓮臺西向蓋取柏子西來之意而院獨以千佛名者何居想當年釋迦牟尼佛拈花說法化成五十三佛三刼之中相繼而昇又名千佛貝葉載其文茲院造其像榜曰千佛良有由也且斯院也創自齊之永明三年至宋祥符更曰七寶前明洪武仍復其名迨我國朝輶軒採風訪古載來亦曰千佛院者由舊章也乃按藝文缺而勿詳詢諸院僧順陽爲余告曰自六朝至今並無碑碣開山者莫攷嘉慶元年隨師悟乾與徒一祈自寶相寺移錫於此茅舍數間薄壤十九畝服田力穡蒔蓻

種朮一鉢一瓶苦持十數載囊橐約有餘金手創招提未曾募化五年而精舍成又五年而佛事立仰叨金仙之呵護禪院於焉重興嗚呼余聞此言感慨係之矣夫物之廢興成毀不可得而知也以今之香界宏開金容重煥長廊四起高閣周建文窗窈窕以爭輝雕樹參差而如畫覺泰之閎嵩之室未許誇奇而矜異者倘經數世之後欲求其髣髴而碧瓦朱甍已埋沒於蔓草荒烟之際徒令騷人逸士致悼夫南明四百八十寺同歸烏有誰復如爾師若徒經營創建若是之辛勤也乎順陽愕然屬余爲記不可謂非有夙緣也退而作記兼以補藝文之未備云

祐聖道院　縣西百餘步元至元十三年道士侯湛然建今廢成化志

崇眞道院　在二都宋石廸之建始名棲霞淳祐中陳雷改建名

小蓬萊元至元中完顏從忠重建改今名成化志

楊居詩

不識蓬萊路今知水上庵過橋珠樹列入室錦雲含白朮香微動黃精味更甘道人陪客罷賣藥出城南

眞武帝院　在西郊鼓山尚書呂光洵建萬歷志　歲久傾圮生員呂

震等重修原志

永清講院　縣西三十里黄泥象順治康熙間婁承元獨建置田四十餘畝增

蓮峯禪院　縣北十五里今廢

平頂禪院　縣北十八里增

教堂附

基督教會　同治八年一千八百六十九年　英國英格蘭人范君開始傳道至新邑在下市街租民房爲宣講所光緒十四年一千八百八十八年　於城中設總堂又設分堂於蓬花庵渡頭等處

一在城中縣前巷光緒十六年一千八百九十年　購宅旁地建禮拜堂一

所落成於十七年又購中鎮廟基地建造樓房爲女書館民國三年一千九百十四年於縣前巷添建新堂以備禮拜之用

一在北門柿樹下光緒二十五年購園建房爲西教士住宅兼築女校一所越明年落成移前女校於此前有英國姚女教師韋耳斯省人自光緒二年一千八百七十六年來新掌管女校迄今仍之宣統三年一千九百十一年男女校合併於此爲明德兩等男女小學校

一北鄉分堂向在黃澤借設民房至光緒二十四年一千八百九十三年蓮花庵僧售田數十畝於牧師由知縣侯琫森查明准買遂改庵宇爲教堂幷移黃澤分堂於此

一西鄉分堂向在澄潭黃婆灘兩處亦借設民房至光緒三十二

年一千九百零六年又於渡頭村購地而移設焉

天主教　始於光緒十八年四月紹興主教派同鐸曾唯道租賃城中六坊花廳裏五世同堂開堂傳教現移城北百祿堂

新昌縣志卷十八

雜記

星野

新昌越之一隅其分野當從於越越之分野位當少陽於卦爲巽於日爲丁於辰爲丑於五星爲火於時爲子於北斗七星屬權上應天市垣東南第六星萬歷志

自斗十一度至婺女七度一名須女曰星紀之次於辰在丑謂之赤奮若於律爲黃鐘斗建在子吳越分野後漢書郡國志注帝王世紀　按斗十一度今注作十度

紹興府牛女之分劉基清類天文分野書

女三度新昌入四分之六內緯秘言

周官職方氏東南曰揚州其山曰會稽漢會稽郡治吳順帝永建間移治山陰唐武德間分爲越州位當少陽於卦爲巽其日屬丁在十二辰爲丑五行屬火自斗牛至婺女爲星紀牽牛婺女越之分星也婺女一名須女若以北斗七星論屬權星又應天市垣東南第六星明誠意伯劉基清類分野書其編次紹興府占牽牛婺女新昌同此四明王德邁嗣皋訂正

災異

古稱斗牛之度幾包江浙而言其休咎不關偏隅幽渺之中尤難置喙原志於兵備附入災異餘更瑣屑茲惟於人事有關或在本地者誌之其已入大事記中不贅

晉大元十五年夏駕山石鼓鳴晉書府志
按夏駕山未知即夏王山否今無考
六朝宋孝建元年會稽大水大明七年浙東諸郡大旱宋書
唐景龍四年剡縣地震文獻通考
開元十七年八月越州大水壞城唐書
元和十二年越州水害稼唐書
太和二年越州大風海溢唐書　四年會稽大旱萬歷府志
咸通中吳越有鳥極大三足鳴山林其聲曰羅平唐書詳大事記
宋天聖中夜暴風震電而無雨空中有人馬聲終夜方息百里間林木禾稼盡偃萬歷府志

紹興元年十月乙酉越州大水宋史

十八年紹興府大饑宋史

二十七年紹興府大水宋史

二十九年紹興洊饑通考

隆興元年浙東西郡國螟害穀八月大風水紹興爲甚大饑宋史

淳熙三年八月浙東西郡縣多水會稽嵊縣爲甚宋史

紹熙四年夏紹興府無麥通考 自冬不雨至五年夏秋宋史

元至大元年紹興大疫元史

泰定元年紹興路饑元史

天歷二年紹興路饑元史

至順元年閏七月紹興等路水沒田數千頃元史

元統元年夏紹興旱至四月不雨至八月元史

三年二月紹興大水萬歷府志

至正十四年十二月紹興地震元史

二十七年新昌大饑萬歷府志原志係元末即此

明景泰元年大饑原志

九年紹興久雨沒田禾明實錄

天順元年旱饑

四年紹興四五月陰雨連綿江河泛溢後三年爲戊子麥禾

俱傷

十三年紹興水旱相繼

十四年大大水以上均明實錄

弘治元年大饑

四年饑

正德三年旱大饑地震民間訛言有妖

嘉靖五年大旱

八年水以上均萬歷府志

乙卯冬倭寇九十餘人入邑焚民居吏民逃竄原志按是年事詳大事記所書己卯當爲正德十四年必誤

九年冬紹興甯波台州三府瘟疫大作及明年死者三萬餘人夏秋間紹興各縣亢旱無收十三年甯紹二府及州縣饑明史

十四年大水原志

十三年溪漲入城平地水一丈萬歷府志大水決東堤民死者衆原志

十九年夏蝗飛蔽日原志九月大水萬歷府志

二十年駱駝山鳴萬歷府志

二十四年大旱原志

隆慶二年夏大水原志

三年大水原志

五年自秋雨冬至始晴原志

萬曆十五年通郡大饑康熙府志

十六年秋大風敗稼大饑原志

二十六年自五月至七月不雨泉流皆竭各邑民饑至採竹米以食

三十二年十月八日各邑地震以上均明史

三十五年五月六日淫雨康熙府志

崇禎六年丙子旱饑原志

九年旱乾隆府志

十四年十五年連旱明史

十七年浙江海沸杭嘉甯紹台屬致廨宇多圮明史

清順治四年丁亥己丑洊饑米石價四兩至五兩邑人爲糜粥以給饑者原志

十六年六月霪澇溪水暴漲夜潰青陽門入可盈丈城門頹敝決口有大木漂塞其外幸以無事邑人以爲止水廟神所護咸禱祠焉原志

十七年十一月二十一日二十八日地震府志

康熙七年六月十七日各邑地震府志

十年辛亥自夏徂秋不雨四郊盡赤以青螌害稼莖藳立盡幾無遺粒知縣劉作樑步禱三月具白院司詔蠲稅原志

嘉慶十六年彗星見光芒竟天（西人測見長三萬二里）是年又大旱邑人呂陳氏出錢散賑富紳平糶災以稍蘇越七年旱復如之

道光二十四年蛟水爲災田廬被沒甚衆

二十六年大祲由邑令郲公（失其名）力勸紳富出貲數萬金爲賑濟

咸豐十一年彗出東方長至戾天

光緒三年大雪連月

四年戊寅五月廿二日城中大水自山開砂崩砂積溪高兼之蛟水助虐從青陽門冲入潘家橋至北鎮廟一帶一片汪洋冲壞園墻民居無算積至三日始退夜間傷及三人

五年五月大水

九年大風爲災七月二十一日水與四年同

十五年八月初一日城中大水較四年減少一二尺

九月霪雨且夜有聲如鴨鳴

十七年又大水

十八年大饑

二十五年六月十三日午後急雨水漲損壞屋牆尚少嗣後於新東門北門各建一閘水至卽行閉閘近來雖漲亦無大患

二十六年庚子三月初十日壬子日赤無光辰巳二時晝晦

如夜雞犬入笠

三十年彗星見

宣統二年雞籠山裂丈餘

三年八月太白星見

民國元年縣署犬哭於庭是年大水聖殿水深五尺

四年端午蛟水發異星見

五年冬奇寒樹多枯次年亦如之

按天文幽渺古已言之近則學說所論律度較明更不必論是編例於日月食蝕於天文家言一照原志例不再濫登惟唐宣宗八年春正月朔日食綱目著之汲汲乎有盜賊之憂

又七年而咸通改元裘甫倡亂自是龐勛芝巢接踵紛起明張氏溥以爲懿宗初立桐柏挫師非小變也附此著之

祥瑞原附

晉大興元年剡縣得一棧鐘語詳大事記及金石志

五代石昉葬黃檀有柘樹覆墓如蓋每科子孫登第之數視柘之所生號靈柘墓俗傳江南有二地靈柘居其次原志　潘氏墓前靈桂夏里文昌閣內銀杏開花亦然增

宋呂集葬杜潭術者云須待千軍聚會一馬抛車之時下窆停棺久之有一官騎馬至王澤村產駒乃千戶侯也遂窆墓前有竹其笋罕生每生則子孫登科如其數人號祥笋墓

石亞之讀書鼓山中嘗遇異人授以丹藥不敢服投池中即有蓮開魚躍之異參軍樓鑰有詩云蓮瑞古井香龍驤硯池碧

石師聖字樂天家貧自守幼女索十錢買線無與女入房涕泣師聖嘆曰吾家世守清貧於義不得妄取汝勿戚可也言未既忽聞庭中索索如墮錢聲出視之堆積盈砌覆以青布巾師聖夫婦奉其繼母王氏焚香祝曰某雖貧乏亦可自給若蒙上天照祐使母子康寧福垂後裔足矣非意之財不敢受也言畢則青布漸低錢盡飛去庭空如掃惟留藥方二事凡癰疽諸瘋依方施治利澤甚普人呼石瘋藥後師聖領鄉

薦爲朝奉大夫二子嗣慶延慶俱第進士

周氏兄弟曰彝曰允皆賢舍旁樹一本高尺餘歧爲二幹及眉交合爲一左右之枝各三上挺可數尺再交焉觀者咸歎其異因名聯槐堂宋景濂爲之記

嘉定間俞時中家產芝草白玉蟾記之

元醴泉章在初葬白巖山下生連理木其子文㷆有詩云若説紫荆堪比瑞千年田氏一家風

至正中章廷璿家石榴樹一蒂生六實

黄深甫世居駱駝山下家有母犬生子既長適兵亂深甫携家并二犬子去之母犬不忍去遂見醢兵退深甫返二犬子

求其母不得叫嘷不已見白骨在旁知其母也遂相與銜聚於高隴共爬坎而埋之

明永樂間張恭與母居一日忽聞屋梁間彈琴聲起視得古琴一張恭母子怪之欲劈爲薪何崇德見之取去

渡王山王氏兄弟曰晟曰冕家畜二貓各產子甲死而乙來乳又畜二馬各生駒亦互相乳哺鄉黨稱爲義貓義馬

俞增葬錢嵒山水靈異墓前有石山每遇科期墮一石則子孫一人登科

陳文中家芍藥盛開每一莖生雙頭者五十餘本

正統六年呂昌園池產瑞蓮三枝異香經日

正統中俞用鼎敏古齋前桃一樹結子一蒂七顆或五顆

景泰元年正月朔日俞用貞庭前天井中有冰冰上生成荷花數十朶枝蕚亭亭靑紅掩映久之乃糢糊而散又用貞葬竹塢有怪松覆塚如張蓋號瑞松墓

俞仲寧與弟仲康駢厝石塚山之原每至暮紅光四照人以爲火識者知其爲和氣之瑞云

成化間張蘊存蟠縛黃楊折竹一枝插土未幾生笋數莖人謂之瑞竹

成化戊子何鑑家蠶鳴

正德十年三月新昌民家蠶鳴

嘉靖十九年潘晟家水缸出荷花數莖

嘉靖丙寅有甘露降於俞則全園中狀若灑珠四五日始散

嘉靖間呂光遷光新光曙光迎光賓搆瑞荊樓淡香堂紫荊異枝合理越中名士多贈咏徐渭詩云竇家有子皆丹桂馬氏何人不白眉

清順治丁酉元旦半畝塘洗心亭畔小缶山蘭忽開十八蕊或兩莖並頭見者異之多有題咏

康熙丙午重九廻瀾橋醉園內紅菊一本中間開金黃大蕊色艷香幽見者驚異名公多誌其瑞以上皆原志

乾隆三十九年邑民楊相年一百二歲題請旌表奉旨加恩

賞給上用緞一疋銀十兩乾隆府志　楊爲南鄉十三都回山人

乾隆年間夏里楊淡庵增廣生年一百三歲孫進士煒舉人鍈採稿增

南洲丁蓮生年百歲

磬裏吳尚綸妻陳氏百有三歲

乾隆五十七年庠貢生呂國榮年逾八旬五世同堂由邑令鄧鍾岱詳請咨部恩賜七葉衍祥匾額

嘉慶四年舊宅朱子通年一百八歲建坊曰昇平人瑞

道光十八年儒磐庠生潘丕猷年一百一歲各憲匾其門曰碩望頤齡

錢發道五世同堂

道光二十五年橫板橋金大鏞五代一堂

光緒九年癸未俞鑑重遊泮水

光緒十八年石朝尊年一百五歲由邑令濮文曦詳請奉旨

賞賜銀帛幷給昇平人瑞匾額

宣統二年庚戌徐監周重遊泮水

宣統二年潘湊興五世同居邑令詳請旌表

方言

風土不同語言亦異新昌越地越與吳在上古爲東夷其人鴃舌漢爲會稽郡五代爲錢氏小國故語言亦大畧相似也今俗人以來爲釐以去爲棄以人爲囊囊即儂之訛耳以在此處爲是故裏以在彼處爲是蓬裏蓬即傍之訛耳自稱曰我儂稱人曰你囊指他人而稱曰其囊囊即儂其即渠之訛耳

以罷休爲歇鼇以如何爲亨生以幾許爲幾海以取爲馱以喚爲凹以走爲跳以不知爲勿兹以五個爲性屆以十個爲豎居凡此之類不能悉舉　成化志

亮 楊公筆錄浙諺云雨下畏天亮俗以明爲亮

鼅 餘冬序錄俗謂蠨蛛曰鼅

稜 俗謂田一壟曰一稜韻書疄田壟也疄稜通

弄 枝山前聞今人呼屋下小巷爲弄

爹 說文爹父也南人稱父曰爹祖父曰爹爹

媽 玉篇媽莫補切母也或稱曰娘

嬸 正韻俗呼叔母曰嬸又呼叔夫之弟婦亦曰嬸

姨 敬止錄妻曰姨父妻曰姨娘

妐 呂覽姑妐知之故俗稱翁曰妐

姐 直語補證今人呼小艾曰姐

小 詩羣小注小衆妾也俗以妾爲小本此

嫖 字典俗謂淫邪曰嫖

奘 爾雅奘粗也秦晉之間凡人之大謂之奘

寣 音忽敬止錄暫睡而覺曰寣

⿰齒甾 音甾敬止錄手生堅皮曰⿰齒甾

皸 音軍敬止錄手足凍裂曰皸

孕 鐘鼎字音孚乳也今人呼乳爲奶亦有所自

⿰幽頁 音拗玉篇⿰幽頁頭凹也肯綮錄面凹曰⿰幽頁

⿰目堯 通作䁠玉篇⿰目堯深目貌

䁟 音砌說文䁟察也

⿰目長 音張敬止錄私窺曰⿰目長

相 說文相省視也段玉裁曰目接物曰相

睏 月令廣義俗謂眠曰睏

齆 音瓮十六國春秋王謨齆鼻言不清暢令人以鼻不清亮爲瓮鼻本此

呷 說文呷飲也敬止錄吸而飲曰呷

㐁 同餂說文㐁舌貌敬止錄以舌取物曰㐁

嗀 音吒說文嗀歐貌左傳君將嗀之

嚃 禮記毋嚃羹

歠

音閾集韻欬去涕也敬欸音哀說文欸訾歐歐呼也俗謂嘎集韻楚人謂
止錄欬哭後作聲也也一曰然也高呼曰歐啼極無聲爲
嘎俗謂應辭亦曰䶕音杷集韻䶕爬廣韻爬搔也敬掀廣韻掀以手高舉
嘎見龐居士集齖齒出貌止錄手撥曰爬也敬止錄揭起曰
掀挽音蘖正韻挽捻聚也揞韻會揞捺廣韻捺手案也敬擂韻會擂推
指執曰挽亦作捻裂開也止錄手重案曰捺石自高而
下庹拓同吳下方言吳扒元包經拔捺音蚌集韻捺拕說文拕曳也敬
也中以手量物曰庹㡯扒氏手捉物也止錄曳物曰拕
摞俗呼小錄抱旄篇海旄比㨮音穤平聲說文㨮推也吧正字通俗謂
持人物曰摞長短也一曰兩手相按摩也小兒匍匐曰
跁踱敬止錄緩行曰蹻說文蹻舉趨說文趨行遲也段玉舵廣韻舵負
踱又曰踱索足小高也裁曰今人通作慢也肯綮錄
以肩負乚玉篇懸物貌丟俗呼小錄舍去曰丟怵亦作笨集韻豩呼關
物曰舵音釣又作鴆敬止錄抛物曰丟怵性不慧也切俗
謂喆慧曰綻敬止錄作事舛錯曰頓頓猶候也搜神記武訣通雅以言託
豩通作儇綻言如衣之破綻也陵南溝水畔頓汝人曰訣今勸
客飲酒曰訣亦作㑳說文㑳市夠廣韻夠多也俗謂𠍽同伴集韻𠍽
揬玉篇揬勸也也俗作兌多曰夠少曰不夠物相和也揞
集韻且去聲褰也㕦蜀語正屋曰㕦砌蜀語砌卓元大定七年應天門外
俗以斜字代之音薦俗作𡍮石曰砌設卓子正字通俗呼几

案曰卓**倚**宋鹵簿有金倚倚俗作椅**戽**音虎廣韻戽斗酒中渫水器也又潑水曰戽**筳**說文筳維絲筦也俗呼筳子**幽**音繃

以木架編繒帛刺繡曰幽**簆**廣韻織具曰簆**襻**類篇衣系曰襻**兜**札璞袜肚曰兜**鑞**俗謂錫爲鑞**餕**玉篇餕飯壞也與餿

同俗謂餿氣本此**腈**音精集韻腈肉之粹者**腌**札璞鹽藏魚菜曰腌**㷅**音退越語肯綮錄以湯去雞鶩毛曰㷅**燂**敬止錄以

火爓物曰燂禮云燂湯是也**煠**音閘敬止錄煮物曰煠**汏**說文淅汏米也**[illegible]**音泡今用泡字清波雜誌宋高宗有溫湯泡飯事**潷**

通雅去渣曰潷音泌**瀝**蜀語漉去水曰瀝**渧**音帝俗謂餘瀝曰渧**烊**韻廣烊消烊也又通作洋**黴**敬止錄物久而靑黑曰黴**蔫**

音煙廣韻蔫物不鮮也**靸**聲如吸杭州市人諱低物曰靸以其足下物也**癟**說文秕不成粟也段玉裁曰今評穀之不充者曰癟即秕之俗音俗

字也敬止錄不飽曰癟**靱**音刃俗讀作銀上聲**鉋**音庖玉篇鉋平木器**箍**廣韻古胡切以篾束物謂之箍**羼**雜和也顏氏家訓典

籍錯亂皆因後人所羼**囥**集韻囥藏也敬止錄藏物曰囥亦作[illegible]**繃**補盲切說文繃束也**紮**類篇紮纏束也**竵**說文竵不正也

段玉裁曰俗作歪**[illegible]**音竅蜀語不平曰[illegible]**汆**音吞上聲敬止錄水推物曰汆**鼕**音彤博雅鼕鼓聲也**[illegible]**於杏切爾雅翼吳人謂犢

曰犢**騲牯**敬止錄畜之牝者曰騲牛之牡者曰牯**屬**呼犬聲公羊傳宣六年呼契而屬之疏今呼犬謂之屬義本此**[illegible]**音鑽說文[illegible]犬

容頭進也

日 讀如蘗王嗣爽六十日謠立夏種立秋割野月已三圓奚名六十日注日叶蘗俗音

晚 讀如漫說文晚莫也詩毛傳莫晚也莫晚聲相近

望 讀如茫上聲養新錄古讀望如茫釋名望茫也遠視茫茫也

作 讀如做韓退之方橋詩可居兼可過後乃云方橋如此作是讀作如做也

鬼 讀如舉歸讀如居跪讀如巨均吳中方言載養新錄

丸 讀如圓方書丸多作圓

鳥 讀如弔詩蔦與女蘿說文蔦音弔廣韻鳥都了切是鳥有弔音也

驢 讀如閭王會篇有閭字江永曰閭即今之驢也俗又轉閭爲虞矣

貓 讀如茅案宋景文筆記知呼貓爲茅由來久矣

蚊 讀爲門水經注漢水篇文水即門水也蚊門古通

月亮 李益詩庭木已衰空月亮

溫暾 王建宮詞新晴草色暖溫暾

開年 庾信行雨山銘開年寒盡正月遊春

月邊 直語補證公羊傳是月者何僅逮是月也注是月邊也魯人語月之幾於盡也今俗猶有初十邊二十邊月盡邊之說

日子 敬止錄今人謂擇吉日爲揀日子出文選曹公檄吳將校部曲文年月朔日子注發檄時也然則日子日時也

開春 楚詞開春發歲風

疰夏 元池說林立夏日取李汁和酒飲之名駐色酒日令不疰夏

地方 晉書孝懷帝紀蒲子地方馬生人

甕城 五代史朱珍傳率兵叩鄆城門已入甕城

水口 郭璞方言注洑水口也

馬頭 程途一覽臨清爲天下水馬頭南宮爲旱馬頭

步頭 知新錄步頭凡泊舟之所皆是俗作埠頭

科座 俗呼小錄所居謂之科座

眠牀 南史魚宏傳有眠牀一張皆蹙柏

外公外婆 蜀語

母之父母曰外公外婆　家口南史張敬兒傳家口悉下至都　牛子劉禹錫祭陽庶子文乃命長嗣爲君牛子　女客元怪錄邀召女客　偏房列女傳晉趙衰妻頌曰身雖尊貴不妒偏房　相公直語補證云舊五代史末帝紀大相公吾主也俗稱士人年少者曰相公　官人昌黎集王適墓志銘一女憐之必嫁官人　小的吳越備史錢俶入朝宋以入內小底迎勞凡三見俗語供役使者自稱小的底的一聲之轉　手下吳志太史慈傳注引江表傳曰先君手下兵數千餘人盡在公路許　好漢舊唐書狄仁傑傳則天問仁傑曰朕要一好漢任使有乎　敗子史記李斯傳韓子曰慈母有敗子而嚴家無格虜者何也則能罰之加焉必也　下足直語補證下足微賤之稱傳燈錄黃蘗曰畢足即佛下足即衆生　無賴史記漢高紀大人常以臣無賴　賬子直語補證賬子倡伎之稱見輟耕錄　衆生直語補證俗罵人曰衆生衆音中以畜呼之　癈子通雅素問曰汗出見溼乃生痤癈今俗通以觸熱膚生細疹曰癈子　⿸疒高⿸疒老集韻⿸疒高⿸疒老疥病蜀語疥瘡曰⿸疒高⿸疒老音杲老土音作格勞　凍瘃越語肯綮錄凍瘡曰凍瘃即漢書趙充國傳所稱手足皸瘃者　草病敬止錄瘧曰草病俗曰毛草病亦曰毛柴病　土氣敬止錄土氣今人所最避者後漢書安帝時皇太子驚病不安避幸乳母野王君王聖舍太子廚監邴吉以爲聖舍新繕修犯土禁不可久御此土氣之說也　媌條客座贅語南都言人物之長曰媌條　躴躿敬止錄身長曰躴躿　小產說文義證云集韻姅褒子傷也今謂之小產　豁拳

六研齋筆記俗以手指屈伸相搏謂之豁拳**出恭**直語補證今人謂如厠曰出恭殊不可解案劉安別傳安既上天坐起不恭仙伯主者奏安不敬謫守都厠三年或本此**小便**說文㬥人小便也**過飯**齊民要術鯉魚脯過飯下酒極是珍美**下飯**過庭錄惟飢可下飯耳**點心**野客叢書世俗例以早晨小食曰點心唐鄭傪爲江淮留後夫人曰爾且點心則唐時已然**臑頭**蜀語豕項間肉曰臑頭臑音曹**開葷**表異錄東昏侯喪潘妃女閹豎營肴羞曰爲天子解葷猶今云開葷也**衩䘱**玉篇衩䘱小褌也俗借爲繫身帶曰衩䘱**背搭**敬止錄無袖衣曰背搭古謂之背子又謂之搭護故合言之爲背搭**東西**逌旃璅言世稱錢物曰東西**家生**夢粱錄載家生動事如交椅兀子之類**麩炭**白居易詩日暮半爐麩炭火**木柹**音廢晉書王濬傳濬伐吳造舟木柹蔽江而下**頭家**吹景集博戲者立一人司勝負曰頭家**剪綹**委巷叢談夾剪衫袖以掏財物謂之剪綹明律有剪綹條**打扮**中原雅音俗以裝飾爲打扮**家常**嵇康養生論此家常而不變者也**談吐**南史賀革傳子徽善談吐**相喚**敬止錄以揖爲相喚古人揖必相呼謂之諾**將攝**北史薛道衡傳帝曰爾侍奉誠勞朕欲令爾將攝韓愈書作將息**鏖糟**管天筆記俗謂不淨曰鏖糟**拉颯**見晉書五行志拉颯言穢雜也**偡齊**札樸長短相齊曰偡齊偡聲如斬**古老**今之五銖謂之古老錢**扯淡**杭人謂胡說曰扯淡本梨園市語也**財主**世說陳仲弓曰盜殺

財主何如骨肉相殘

息錢 徐鍇曰息者身外生之也故古謂賒賃生舉錢爲息錢見漢陳重傳

合同 通俗篇合同二字見秋官朝士疏

花字 北齊後主紀連判文書各作花字不具姓名莫知其誰

債主 後漢書陳重傳有同署郎負息錢數十萬債主日至詭求無已重乃密以錢代還後郎覺之而厚辭謝之

中人 知新錄文契交易必用中人此字亦有所本樂府云龍欲升天須浮雲人之仕進待中人

邋遢 廣雅邋遢不謹事也

齾齾 敬止錄貪食曰齾齾

𣩵速 不自在曰𣩵速

歪賴 敬止錄歪賴言人放刁之語乃乖剌之訛

剌撒 敬止錄不潔曰剌撒佛印與東坡書佛法在痾屎剌撒處

呵呵 廣韻呵呵笑也

哦哦 玉篇哦吹口貌畏寒曰冷哦哦

喇喇 篇海小兒啼也

都都 敬止錄呼驢馬曰都都

喇嘪 敬止錄呼牛曰喇嘪

嘪嘪芊芊 敬止錄呼牛曰嘪嘪呼羊曰芊芊

盧盧 敬止錄呼犬曰阿盧盧詩盧令令

舁舁 音唯篇海舁舁呼鴨也

喌喌 音祝說文喌呼雞重言之

上燈夜 王嗣奭桂石軒詩立春之日上燈夕自注正月十三日俗稱上燈夜

大後日 通俗編云老學庵筆記後三日爲外後日意其俗語耳偶讀唐逸史裴老傳乃有此語裴大歷中人也今又謂之大後日

笑面虎 龐元英談藪王公袞居常若嬉笑人謂之笑面虎

眼中釘 五代史趙在禮傳眼中拔釘豈不樂哉

老骨頭 摭言莫忘生身老骨頭

抱佛脚 孟郊詩垂老抱佛脚教妻讀黃庭

遺腹子 淮南子訓遺腹子不思其父無貌於心也

主人翁史記范雎傳主人翁習知之　小家子漢書霍光傳使樂成小家子得幸將軍　小官人澠水燕談錄李文定曰吾女不妻先生不過爲一小官人妻　拏訛頭日知錄泰昌元年八月御史張潑言京師姦宄叢集有謂之拏訛頭者亦作拿鵝頭御史出巡不許拿鵝宴會用鵝則以雞頭飾之此語所自起也　弱出頭敬止錄弱音强上聲昔蜀人從漢高祖出關者謂之弱出頭　高帽子通俗編北史熊安世傳宗道暉好着高翅帽大屐州將初臨輒服以謁見今謂虛自張大冀人譽己者蓋本於此　千年調古詩人無百年期强作千年調鑄爲鐵門限鬼見拍手哭　鬼畫符元好問詩兒輩從教鬼畫符　水皮襖小說補遺淡酒一名水棉襖　拜見錢草木子元末官吏貪污其問人討錢各有名目始參曰拜見錢　細簡裙梁簡文帝詩羅裙宜細簡　高底鞋謝觀詩來索纖纖高底鞋　一佛出世隋經籍志每一小刦則一佛出世　酒囊飯袋三國志禰衡曰荀彧可强言餘皆酒瓮飯囊耳　雪中送炭范成大有雪中送炭與龔養正詩　脚踏實地聞見錄康節曰司馬君實脚踏實地人也　粗茶淡飯楊萬里詩粗茶淡飯終殘年　對牛彈琴牟融理惑論公明儀爲牛彈清角之操伏食如故非牛不聞不合其耳轉爲蚊䖟之聲孤犢之鳴即掉尾奮耳蹀躞而聽　天高皇帝遠黃溥閒中今古錄云元末民間語　遠水不救近火韓非子失火而取水於海必不滅矣遠水不救近火也　若

要長看後樣陳龍正學言詳記引鄉諺云云不服藥爲中醫漢書有病不治常得中醫謂胸曰肚廣雅胸謂之肚謂不曰弗朱子偶讀漫記浙人謂不曰弗謂箸曰快菽園雜記舟行諱住以箸爲快謂五錢曰一花俗呼小錄數錢以五文爲一花謂二十曰念說文廿二十幷也楊用修云廿韻書皆音入惟市井商賈音念而學士大夫亦從其誤也又夫差女名二十故吳兒呼二十爲念謂錢一貫曰一千猗覺寮雜記錢元瓘據浙浙人以一貫爲一千謂密曰蜂糖猗覺寮雜記楊行密據揚州淮人諱密謂蜂糖謂胡餅曰麻餅戲瑕石勒名胡故胡物皆改名如胡餅曰麻餅胡荽曰香荽胡豆曰國豆謂胡瓜曰王瓜胡麻曰芝麻管天筆記黃瓜原名胡瓜晉五胡亂中原諱胡尤峻因改爲黃瓜呼胡荽爲元荽胡麻爲芝麻胡桃爲核桃謂石榴曰金櫻青箱雜記錢武肅王諱鏐至今吳越間謂石榴爲金櫻謂雉曰野雞猗覺寮雜記呂后諱雉以雉爲野雞謂鸜鵒曰八哥負暄錄李後主諱煜改鸜鵒曰八哥　以上均沃洲小紀謂久不得見者曰恰似菖蒲花難見面施肩吾詩有古柏云云缺十二字則俚語亦久矣　評本由漁溪叢話補入

新昌縣志卷十九

軼聞

兩浙田稅畝三斗錢氏國除朝廷遣王贄均兩浙雜稅王贄悉令畝出一斗使還責擅減稅額王贄以爲畝稅一斗者天下之通法兩浙既爲王民豈當復循僞國之法上從其說至今畝稅一斗者自王贄始惟江南福建猶仍舊額蓋當時無人論列遂爲永式贄尋除右司諫終於京東轉運使有五子皐準覃鞏罕準之子珪爲丞相其兄亦多顯者豈惠民之報歟評本由叢話節

吳越錢忠懿王墓在洛陽賢相里見宋侍郎李至神道碑侍御

史王著奉勑書并篆額大興方氏金石粹編補正稱當在洛陽令無拓者僅見裝本一册約一千六七百字僅有其半迄今新邑西門外亦傳有王塚袁氏枚力辨其誤或爲其先宗人墓言之誠有故但其先武肅亦有碑無陵同時何氏作黄晟墓碑稱在鄞隱學山一無封樹迄今未知眞藏何處其墓在象山定海者反有三處（黄刺史年譜）或忠懿臨歿時魂魄猶戀故土其先於新梵寺功德獨多後人因成其志而爲此然又有所諱言此等疑案眞未可決其必無也

石景術字愼思應舉年省試治周禮試官考校議卷兩副一則該博而詞不工疑其爲老儒一則詞義整齊疑其少年試官

欲取老者意未決其夕夢一書生來見往反久之覺與同官言皆笑或不以爲然取卷子衆觀亦如前議次夕試官五人皆同夢異而竟取疑爲少年者榜出卽石景術也狀貌乃夢中所見王介甫欲嫁姪女與之呂吉甫聞其事意其必貴遽以女適景術介甫怒由是吉甫罷參政出知揚州景術曾作祠曹郎官止監司太守後無疾死介甫姪女嫁葉致遠者是也清尊錄

宋高僧詩卽六一詩話所謂九僧詩其一爲沃洲簡長當永叔時已云其集不傳世多不知王漁洋則稱見前後二集爲錢唐陳起爲編與今本悉合景德五年直史館張亢所著序亦

有節本簡長懷靈叔云朱弦愁零落古意空徘徊步春謠云藉茲徘徊芳强起寂寞游次江陵云落日懸秋樹寒蕪上廢城送行禪師云寄禪依鳥道絕食過漁邨楚雪粘瓶凍江沙濺衲昏諸句見前集後集三十一人迄今詢諸土人未知卓錫所在即彼教中未有識爲能詩者故傳亦未列時爲歎然由居易錄增節

天姥古多猿鶴紹興高士韓性魏公八世孫元史有傳題羅塞翁畫猿詩云白晝聞淸嘯愁雲夢天姥明刑部員外郎邵經邦宏藝錄瀫水驛與鈍齋憲使詩云來朝共擬尋天姥白鶴翩翩下九州由漁洋詩話節

越之新昌有大山曰彩烟與沃洲天姥鄰而彩烟尤爲峻絶遠望之如雲霞含輝天際故山之絶頂其平如掌沃野數十里桑麻蔚若雞犬之聲相聞或者嬎之武陵由宋景濂林居墓志節

宋吳大順字建亨號雲峯理宗開慶己未領鄉薦景定庚申科方京山榜進士見原志　癸亥因越職言事放歸田里遂隱劉門山中扁曰歸樂庵著有歸樂文集孫吳傳德祐乙亥同鄉丞相王爚提刑文天祥先後薦舉先勅提舉兵馬授江浙總兵景炎丙子四月與元將伯顏戰於姑蘇乏糧無援久持敗北被執不屈死臨難時有詩示伯顏曰一旅横江浪捲空陣雲堆壘氣崢嶸丙丁書上心誰鑒庚癸呼窮運合終紀子火刑

名尙在孫郎鋸死世云忠人臣大節當如是留取殘生反惱公宋史姑蘇無戰事此詩各籍未見亦未詳省府志故未敢補入忠節傳留此以俟攷

明初歲貢在京中式者必令出榜原籍張掛嘗見新昌志載云

禮部爲科舉事洪武十七年九月十三日本部尙書任昂等官於華蓋殿奏聖旨在京鄉試多有中式的國子監生爲他肯學所以取中似這等生員好生光顯他父母恁部裏出榜於原籍去處張掛着他鄉里知道欽此今將中式生員開坐合行出榜知會須至榜者浙江布政司紹興府新昌縣第十名蔡用强案說郛所引蓋成化間莫志田志劉志並删此條

使後之人無由識當時曠典郛說

明永樂間章氏築樓道左至宏治初有客至棲於樓盤桓逾月丰姿俊逸善吟詩工書法題東壁云芳草水東西春風路欲迷行人不覺曉山與夕陽底題西壁云山深嵐氣寒高樓掩牕臥林間踏葉聲知有樵人過吟詠再四初莫知其爲仙也越二十年客復至幻形變態有如丐狀登樓覓舊好時店主改易不識其爲仙待之殊冷落乃共坐樓上以待旦晨啓視之不知其踪翹望樓壁復得其繪像并詩云二十年前樓上客曾題東壁與西壁獨憐人面幾番更只有青山不改色歘留小白山中人夢靈其字體飛白淩空龍蛇夭矯其形像披

髮袒腹擎手跣足背塵拂面星斗旁列又有詩云葫蘆浪洗有丹砂不道蓬萊秀也華溪上清風山上月百年我亦洞仙家後書張放仙題經三百載遭祝融之變東壁西壁踏毀無存後仍葺之由朱教諭徽仙詠樓記節

明呂尚書光洵出知崇安時一女子中崇其縣中舞訟者欲因以覘公教其父持紙訟崇鬼公徐收其紙日且夕易草移城隍所明夕崇來謂女曰何至是我且去霜降後復來耳至其月果丁內艱去崇安張元忭墓碑

新嵊二志古已不傳自後以高似孫剡錄爲定本似孫爲翰林學士文虎子文虎寓剡時建玉峯堂藏書寮雪廬於金波山

明心寺之東麓卒葬其處嵊志似孫字續古夙有俊聲詞章敏贍玫瑰集程大昌演繁露初成似孫年尚少自其父處竊觀之越日程索還原書似孫因出一帙曰繁露詰其間多大昌所未載而辨證尤詳大昌盛賞之齊東野語登淳熙十一年進士爲會稽縣主簿吏道通明樓鑰除給事中嘗舉以自代後爲禮部郎守處累官中大夫提舉崇禧觀似孫博雅好古晚家於越爲嵊令史安之作剡錄而文物掌故乃備鄞志其筆致高潔所有去取處尤得史法

東岬山志由康熙時釋貞貫延聞性道所纂性道字天迺一字蕊泉諸生順治八年兵破翁洲張肯堂闔門死之遺骸二十

七人性道時隨征府倅喬鉢幕中聞之募鄉民并肯堂及眷屬等屍出城以三大甕分貯瘞之適肯堂故將徐應元自補陀至相與共瘞於荼山康熙十七年有詔舉博學鴻辭巡道許宏勳將以性道應力辭不赴性道嘗修寧波府志林時躍高宇泰皆極賞之縣令汪源澤又延修縣志性道不樂仕進與兄性善偕隱而終其卷中所述詩文如釋氏傳燈錄晉齊諸帝書詔及謝公各書又自世說中摭拾或竟以意足之抑亦有主者在歟

詩有以地而著勝者以海客而賦大行關儈而談溟渤雖極發皇究非本色不獨如漁洋所云揚州綠楊寒山鐘聲換一字

不得也惟呂給諫蓼懷秋感詩一聯云名士下場多佞佛美人入夢也成詩將一部寓賢仙釋傳直以二語括之苟非新人不能臻此神妙味菜居筆談

新昌雷劈樹在天姥寺旁相傳前兄弟同爭此樹一旦雷劈兩開枝幹愈盛蓋吉兆也袁枚詩曰阿香燒刼火曾劈樹千尋立地雙株鐵擎天一樣心同招丹鳳駕分作水龍吟日暮風聲起颯颯霹靂音又曰兄弟爭荆意未平一雷分作兩家青至今根脚痕猶在飛過枝頭少鶺鴒隨園本集後方望溪過此亦見此樹而返望溪本集此樹亦有嘉譽矣

清初時桃源洞下燕窠村相傳一異丐手捧大碗中貯清水潔

白異常日行村市謳歌不已村中一老者姓章忘其名好奇士也相隨十餘日丐感其誠與以水一器飲之丐亦去不復見老者由是童顏鶴髮望之如少年壽至一百十歲而卒採稿

康熙初中溪張海定嘗夢先人語曰明日有來賣天師畫者當以五斗粟易之至明日果有老人來賣畫異之即易以五斗粟供於室內驅邪除妖立著靈異四方祈禱者紛紛而至一室不能容爰造屋三楹立像於樓上并舊畫而新之而其靈驗遠不及已沃洲小紀

鐘井村世傳有兄弟十八人容貌相同各跨烏騾輪日下城以眩人目有咥之者十八兄弟一齊下城衣馬悉同莫不誇羡

三十年前曾於其地得銅鈴二大如碗惜年遠銅敗不久即碎惟上馬石列村旁尚巍然採稿

羊精塔在邑東石壁新宅村外俗傳有羊精居此當夜二更時人過此嶺有老人坐巖上語曰二十彭彭月亮上二更有人上府落縣等我同行過者不應則已如其應之則老人遂至引入迷途終夜不得出人頗苦之有道士精法術用草繩牽至羊肆語云殺此羊勿去草繩乃可屠者不信去草繩而羊亡矣仍返山中爲孽道士乃築塔以鎭之高六尺許爲八方形面刻佛號頂尖小刻大宋咸淳乙丑孟秋山翁秀發建造至今每歲正月初十日猶用蓮經十二部以壓之沃洲小紀

新東下宅村後有古木大數圍光緒十年間伐去之時有磚石瓦礫投自空中雖稠人不避越二年始平人咸稱樹神爲祟後十餘年村民闢基地於樹下深丈餘得古竈一破缸一銅杓三古灰中彷彿有木屑惜村愚不知考古缸杓木屑無一珍藏者採稿

明經呂青芝爲新邑談詩鉅擘著覆甕詩鈔俞君乙蓮謂先生之詩瓣香宋人亦間得唐賢三昧迄今讀其偶題山中作二首一曰細雨濕茅檐長風號林壑客散小堂空寒花自開落又曰春寒逗林椒山色淸於洗何處讀書聲沉吟茅屋底酷似韋孟小品惜卷帙無多未窺全豹

張素庵環翠軒稿多憔悴不平之作涉於詼諧者亦不免而文體殊修潔爲咸同中所罕覯其元妙和尚傳云壬戌冬余病臥中忽見一和尚端坐榻旁審之蓋素未識面者良久始去次日有客來余狀尙和貌客驚曰此卽元妙師也今春正月師同舉義旗擊賊衆潰師獨死余大驚嘆謂師以方外閑人獨慷慨赴義奮不顧身英魂烈魄常赫赫然在天地間余平日恨不與師見乃得於病中恍惚見之奇哉後隨時訪問知師爲台之臨海人精拳勇舊居雲峯庵近居城中及賊至復返雲峯庵衆謀滅賊招師師言有徒數十人皆擅武技請獨當一面誓殲賊至正月二十二日日未出卽與搏戰賊鋒鋭甚

衆乍逸去師奮勇鬭賊悉衆圍之徒亦散走師遂爲賊殺後又有與余言者賊勢急時師大呼曰汝輩皆有家家中皆懸望汝我無家不盡賊不返也拔佩刀衝賊陣有望見之者師往來衝突所向無前惜無一援師者賊又衆師身被數十創力屈乃死有客又言師死最慘賊畏師勇師死賊大喜曰今日搏一猛虎遂臠割師屍醢其骨其事已詳大事記茲更補述以此傳殊難於安插故也

俞君煥模貧士也道光己亥科鄉試俞欲往而窘於資因憶及往來曾爲某村息訟事姑往干謁至則村人歡迎爭爲設饌贈以二十餘金且作投轄之留俞無事閒遊村市見破屋停

十餘棺已將朽腐詢之皆無主者俞惻然盡舉所贈爲掩瘞焉親視畚築至暮而歸歸途於小肆中見抄本文十餘篇以數文錢購得之橐裝既罄踉蹌赴杭寄食友人處比入試闈題爲季康子問仲由一章適抄本內所有因稍加改削錄入竟得解元最奇者文係如題三比原本每比末句曰此官才之一法也俞以官才字音類棺材改作官人而不知卽是掩瘞棺材之應自來作善獲報未有若斯之迅速者先琴齋兄是科中式第三與俞同年俞告之甚詳庸閒齋筆記

劉門塢側有一山曰蜂桶崖巖石壁立高數十丈洪楊之亂城中有二女或云下路人係兩姊妹避難至此被賊迫欲汚之二女知不免

卽大聲痛罵言身可碎不可辱賊怒遂投崖而死至今每遇天陰將雨時哭聲不絶採稿

鄞有董琅者字純齋號屺崖爲孝子明倫曾孫乾隆六十年乙卯舉人嘉慶四年仁宗親政以川湖流寇未靖詔自庶人以上皆得上書琅拜疏歷詆諸師其略謂畢沅文士非統督之才惠齡具臣無經略之效永保脂韋小人福寧土木凡偶秦承恩疏防於關中英善逗遛於盆部景安之縱賊人誚爲迎送伯勒保之誘降且冒封威勤公明亮過於持重不能力追宜綿自顧衰殘豈堪總統云云始投通政司都察院皆不受後請浙撫代奏亦以其語太直置之其後諸師果多得罪遣

新昌訓導未及任卒正誼堂文集

嚴大令思忠同治間以丹徒孝廉令嵊兼攝新邑頗以廉能稱不數年一家數口并親隨皆駢首於嵊署其女死尤酷爲兩邑千古疑案儘以剃髮匠作正凶抵之匠天台人客新久出入縣署供待詔役以故隨至嵊狀如癡癎者累年先一日磨刀向人人問之則曰殺人殺人又僅一挑水夫見之及次晨厨役先入驚而不敢聲挑水夫入見之始共出喊而匠尚在旁舍早炊衣襦無一血迹以其前語拘而解省府疊次訊鞫因此亭毒者年餘苦無一左證遂以凌遲治之以一瘋子而殺數人無一聲張又不見凶器案終莫能明也遂傳大令一

少時事其父亦以知縣改教某邑署在文廟側適值修理時易一舊楪甫下墜中有聲穴而剖之見以芻茭作殿閣狀絕似神座而尚有一小狐未去大令年方髫齡見即縛而殺之以其座作玩具其父不知焉一日突有叟不待通而徑達其寢方驚愕間卽厲聲曰汝子毀我室殺我子能令汝子有子以子汝乎悻悻卽出故大令凶問至家其父尚在籍亦請弗窮究以爲宿孽之報云

長白忠滿未知何旗佐領下人光緒初元權象邑篆適值强幹令邵侯正寅後而其氣局反勝之幼時諸父老述其政蹟不去口惜未久卽他調聞其家故貴族父兄姻戚皆內外膴仕

忠獨負氣絕俗喜親民事卒以強項不合上官意甲申中法之役渡海投効台灣任糧台事時亟猶効死不去亦一奇男子後竟不知所終所遇北方色目人迄未有能道者及在新志局友人於市上購墨數錠當時亦姑置之後一細察則面文眞書不貪爲寶四字其陰篆光緒元年長白忠滿官象山製蓋即其所自銘者不知何以流傳至新新有知而傳之者亦一魏公之笏疊山之硯也當寶之味菜居談獻之一

光緒間吳典史一女絕妍麗年甫及笄而卒葬西郊外一時賦詩弔之者多中惟二絕爲勝霧鬠雲鬟縹渺魂雲英猶是女兒身天台咫尺休惆悵不種人間未了因吳江明媚剡溪清

絕代風華閒氣生名士英雄慴老大漢家以後幾傾城不脫不黏到却好地位

魚類不一古今中外各因時地不盡合焉惟鰻始見於說文廣韵謂卽鰊魚海產叉是一種通雅謂之狗魚南海人食之今北海人猶不食當如鄱陽人之忌食鱉也其產自內河者北人始亦不齒及後見南人喜食光緒季年亦有嗜之者然易致疾良因溝水失瀦積汚生毒惟新昌產者稱極佳爲他處所不及稍鉅盈握者價值至兼金蓋其溪流清冽深渟魚類不易生育卽如魴鰱劣品亦較腴美通雅稱桂林洞穴出者獨性涼亦與相似土人謂其性喜逆流於石窟急湍中力更

勝足當補劑宋陳氏師道後山談叢言魚行隨陽春夏溯流秋冬順流與五雜俎所言四時皆逆水而上不同陸氏埤雅言鰻有雄無雌以影漫於鱧魚而生子皆附鬐鬣故字從曼鮎子三分之一亦爲鰻然鰻亦自有子所見者惟色黃而較細同一不可解也

晉王武子云其山崔巍以嵯峨其水泙渫以揚波其人磊落而英多是人信有地以繫之新爲浙東山脈過峽處如畫家畫梅於老幹折枝尤饒意態石氏靈柘一阡與趙宋相終始且多以氣節著即如明一代惟潘水濂終始儒臣餘則入翰林者祇二人自此三百年來亦祇陳氏二人而明正德萬歷中

何少保獨以本兵顯功與于忠肅伍呂尚書光洵俞侍郎欽皆以文臣將兵拓地黔滇省志中概入武功他邑如此者絕尠雖謂閒氣所鍾亦可味荣居筆談

新昌縣志卷二十

原始

宋新昌縣志一卷藝文志梁希夷著無攷

元舊志無卷數明訓導莫旦已稱殘缺不全

明成化志十六卷成化十二年知縣李楫委訓導莫旦修

紹興府同知黃壁序

紹興古會稽郡新昌其屬邑也山有天姥沃洲之勝水有剡溪水簾之奇人有石子重諸公之德望及我聖朝則名公鉅卿接踵而起詩書禮義爲他邑最余嘗以公務至焉暇或登高眺遠見其山川如是人物如是而圖志則無聞焉古今事蹟泯焉無傳深爲可慨因與前令吳江黃君誠夫語及之誠夫有意於斯尋拜御史去而勿果未幾其同門友莫君旦以乙榜來爲司訓誠夫以余言屬之莫曰此吾志也亦吾責也遂於講授之暇重爲纂而修之不期月而成編凡一十六卷適以進士汀州李君楫來繼縣政廉謹公勤令行禁止民號無事乃以此書白於郡守浮梁戴公公喜而爲之叙謂璧宜叙其後嗟夫教官師職也人所以不屑就之者以其職卑權小而無所設施也余觀莫君之爲教官既不失誨人之勤而又有餘

力以爲此書有圖像以考山川疆域之遠近人物衣冠之背貌有詩文以備古今之體製氣運之盛衰鄉賢有祠則別其賢否而進退之去思未祠則定其位號而創始之辯神仙釋老之虛無明忠孝節義之心術於人才也則發潛而表幽於風俗也則美善而刺惡他如學校祀典賦稅職役之類莫不各有論斷可以垂世而範俗可以傳言而備忘可以獎賢而懼亂一開卷間森然在目世謂教官職卑權小者果至當論歟是知官不在乎崇卑貴乎稱職若莫君者豈多見邪非其學問之富才識之長疇克爾邪今而後將見天姥沃洲諸山益勝以高剡溪水簾諸水益奇以深而子重諸公之聲名事業益有光於後世是書之功豈小補哉莫君字景周號鱸卿子蘇之吳江令族曾祖禮洪武中戶部侍郎父震正統己未進士今以延平貳守歸老於家其家學淵源有所自云

知縣李楫書後

成化丙申夏予奉命領邑新昌視事之初首訪圖志以稽一邑之事而貳教莫先生以古本獻焉殘缺舛訛不足入目因嘆曰文墨之事學校責也盍相與謀之先生曰然今適始事於重修然不能不有賴於有司之力也不半年曰書成矣因取而觀之略加校正謄寫善本求紹興郡守浮梁戴公之序於其首乃與同寅捐俸爲倡而邑人好義者皆樂相爲鋟梓垂成而少宗伯邑人俞公與其弟行人公俱省侍而歸深加嘆賞以爲新昌數百年未有斯舉眞足以爲山川增價而人物出色微吾貳教先生之清才碩學曷克以成之嗚呼士論者天地間之元氣也以士論而筆之於書使古今事蹟晦者顯而昧者明善者勸而惡者懼其有功於世教豈小補哉因書卷末以識歲月云

邑庠生張琰募刊疏

伏以禹貢職方紀載開端於往聖山經地志編摩接蹟於後賢光賁人文功垂世教顧茲南明之小邑實爲東浙之名區山川秀麗而士物清奇風俗淳龐而人才傑特奈何志書之久缺是以考覈之無憑達士興嗟名邦是鄙人所病也吾實憾焉茲蓋伏遇貳教先生鱸卿莫公江南仕族吳下偉人諸生於講授之餘合詞爲纂修之請始雖謙讓終則樂從凡例必酌古而準今筆削不狥私而違衆事蹟雖微而必錄始末無遠而不書綱舉目張門分類析遂成盛典可謂奇才若不經營以梓行抑恐抄謄之紙貴深有歉於獨力乃遍干於衆緣伏望邑宰作興鄉人鼓舞揮金如聚蟻捐俸若湧泉少不嫌一錢二錢多不過五石十右公輸子便來刊就楮先生即與印行將見一邑之內不出戶而可知千載之間一舉目而畢見自此流芳乎一世十世百世從今傳信於百家千家萬家豈惟吾邑之事永播於無窮而諸公之名亦同垂於不朽共成美事皆賴知音謹疏

助刊姓氏

呂 好惠 景明 好遠 廷實 好瑞 廷章 好山 廷益 好道 廷烈 丕元 中順
張 侍廷 仁廷 輔廷 蘊文

蘊奇 宗堅 蘊堅 棟
俞 廷器 廷彰 大道 廷琰 湘廷 用威 芳廷 式廷 彬 叔行 叔光 叔安
陳 懷廷 履長

之悅 景和
潘 孔舒 孔明
王 以安 廷用 希聲 叔安 師昭 以升 尚明 茂英 公器
章 允明 瑄

巨才 希柔
劉 希吉 思馴
徐 用昌 景新
石 廷才 秉和 右道 景成
胡 孝正 瑞禎
蔡 丕昭 守廉
何 球 友

梁公操以元　趙孟新希　吳永潤　丁大輝　唐孟能　求尚達　袁容　等七十餘人劉序稱刻於成化之丙申

按此志當日終未刊行所有鈔本僅烟山陳碧蓮君輝家求得之亦未聞有第二本其保存之美亦不可沒

萬歷志十三卷萬歷七年知縣田琯重修邑人呂光洵總裁張元益呂繼儒等詮次

知府賈應璧序府志無錫人萬歷六年任

古云域中有三權而史居一其任豈輕哉我國家內設館閣諸職以當古史官之任制稱備矣而輿圖廣博事物修繁焉能周紀而悉傳之故郡邑有志蓋以翼而輔之也至歲月彌積事與俱增或前志有闕於後有竢近數十年遠百年必更輯而附益之屬邑新昌令田君奉監司檄重修邑志已付梓而請序於予予觀二呂公與田君俱有文以冠諸首辨而博矣予言不幾於贅乎然予嘗謂觀史者如入山海之藏隨人所欲得而償焉二呂公新產也宜其專於邑之先賢以爲茲邑重予職忝守土則更有概焉而不專於是者矣夫今古所謂循吏者必曰美其俗平其賦安其民而使戶日以滋田日以闢教日以興余覽茲俗之陋而趨於偷也何能易而返之使淳乎賦役之近煩而或病吾民也何能省而寬之以蘇其困乎人

材之衆也日登於用矣何能作而成之與古之賢哲者倖乎物產之夥也今若耗矣何能使珠復於浦乳還於石乎生齒之日益也籍宜有加矣而猶故也其或不能悉撫而長養之使窮巖絕崖有不盡被吾君之澤者乎前之官於此而有德於民者既尸而祝之載而傳之不朽矣吾其則法焉以追其烈於今乎昔鄉之稱爲賢者其名佳矣其更表而樹之風焉使今之人繼其武而興焉以趾之者衆乎其他官司之廢置城市之規畫又安能詳得其宜而一一以協之理乎仰思前朝豪傑宦跡之所歷既覽其山川之形勝景物之奇幻則必作之亭榭樓觀以爲登臨嘯傲之所與其地之賢僚屬賓客之選相與以據幽發粹乎此而又紀之於文以載其一時之盛其致誠美矣以予之拙也不敢希慕乎古而今亦稍與古異亦安能倣視之媲美於前人之致耶故所謂五馬石城天姥水簾諸勝無由至焉與沃洲望松羣公遊遨其間徒神馳而已唯以前之所思者爲吾守令之職尤懼田君不克同是職也故書以與之共勉而企焉

知縣田琯序

昔太史公生龍門南游淮湘北涉汶泗上會稽探禹穴闚九疑過鄒魯之墟觀孔孟之化於是抽石室金匱之書以作史記後世宗之而蘇子由居眉山求天下奇聞壯觀過秦漢之故都觀終南嵩華之高北顧黃河之奔流想古之豪傑至京師見翰林歐陽公與其門人賢士遊歸而闡家學淵源文章之盛稱三蘇焉琯之生也拘方未嘗遍遊名山川以友諸名士然新昌故會稽上游於山有天姥南明之勝於水有剡溪簾洞之奇於人有黃文叔石子重諸賢之作於古呂沃洲潘水濂呂望松諸公之題於今琯也幸得遨遊於其間與之上下議論顧泯泯然無一字徵

於文獻其可媿也夫戊寅春巡撫姑蘇徐公栻常熟人督學關西喬公因阜耀州人交檄下郡邑使有司敦志事琯寡昧懼不任乃用學諭徐君漢司訓戴君邦玉金君激議禮鄉先達尚書沃洲呂公光洵輝縣尹呂君光化江陰丞何君絅休寧訓呂君光演邵武訓何君裳宿儒俞子邦時爲總裁簡弟子員呂光品何君邦韶潘日晬俞邦瑚俞秉中潘昊呂光曙俞時鯨何九功呂繼儒俞秉瑚趙宋章國平陳子紹俞應山張良實陳子昇何言陳策呂繼橋潘復禮呂玉如呂繼樉潘復初呂若敔呂若仁陳經濟張學遜呂曾見章國卿王應祥張延綬春元俞應鼎監生潘京呂鳴泰呂應岳凡三十六人充採訪聘山陰文學張子元益使編摩焉惟俗尚浮夸是非矛盾薦紳先生難言之歷三時論弗克定而張子亦告歸矣適郡伯昆陵賈公至首考憲章復申修志之令琯不獲已乃取志事身任之夫志猶史也匪公勿核非斷勿成於是紬言權輿論取人物於呂沃翁桂泉之所考訂暨天官卿水濂潘公晟夏官郎呂公若愚諸所品評而徵事類於張元益之所彙集獨舍呂生繼儒於廳事後俾校異同覈名實日直諸生二人入內使參閱焉琯也爲之非嚴義例定條格親筆削於案牘之間促胥徒繕寫之大都述故事整其新聞而非有所自用也越月稿成因以就正於鄉先生暨邑人士僉曰可乃署齊加删潤募工鋟諸梓而分董其役於邑丞黃君佐幕史朱子琳諸士夫亦喜邑乘更新也協力贊成之琯惟才識疎庸學問膚淺無能鳴邑之盛顧邑典殘闕續而爲之即固陋猶賢乎已今夫稗官非官也然矢口肆筆或有以成言猶愈於無官耳野史非史也然鄙見俚詞或可以備採猶愈於無史耳斯志取其誌事而已又奚必才如馬學如蘇而後見之著述也哉抑又有深懼焉孔子至聖也於春秋之作尚有

罪我之虞況非聖人之徒歟又況琯之碌碌者歟故莫旦作志於成化間一時士夫咸喜文獻有徵至於今則有訾其駑筆者琯爲此懼故博延諸名公髦士相與考得失徵存亡咨諏蒐剔自肇始以迄續末罔間焉諸君子苟有所是非慎於此時持公議裁正之無或如訾莫志者於百年之後斯善也夫斯善也夫

邑人兵部尚書呂光洵序

余讀漢班氏地理志本春秋列國叙其分野區域山川風物賢材至魯而獨詳蓋周公魯公之化於其國久吾夫子洙泗之教洋溢乎國中故其民好學上禮義迨漢數百年未泯也夫魯於齊晉其爲國小而其俗美故曰齊一變至於魯魯一變至於道後之學士觀於是而樂學尚友之思油然而興矣吾新昌邑於台剡之間不能數十里其地瘠其民儉其財賦不足以當上邑之十二獨其俗淳厚先民之流風善教猶有存焉故於東南爲望邑舊志作於成化間叙述雖詳詞乏體要且百有餘年矣今田侯政事暇日取是舊本諮於羣彥質諸大宗伯學士潘公輯而約之曰建置曰區域曰山川曰風俗曰物產曰民賦曰學校曰官師曰名宦曰選舉曰鄉賢曰女德曰雜傳而鄉賢尤慎鄉賢曰理學曰德業曰忠節曰孝友曰義行曰廉介曰政績曰教澤曰文學曰武功曰隱逸曰遺英曰耆德曰封蔭而理學尤慎夫理學前志所未名而名自今始猶夫漢唐歷代諸史未嘗以道學立傳以道學立傳自宋始也夫貞元間而理學興焉一代不嘗有也況一鄉耶吾鄉自宋石先生宗昭講業於龜山楊先生得伊洛之傳而黃先生度石先生斗文石先生塾游於晦翁朱子與之論道談經顯諸康濟俞先生浙遠稽墜緒著述尤章余先祖南康公冲之與兄聲之同師止齋陳先生而習於水心葉先生據德游藝炳

焉與先哲同風漸涵後雋其孫秉南以循政王先生夢龍以忠亮王先生綸以相業陳先生非熊以貞烈文武徽聲並著當世元紀九十餘年潘先生晉以草廬吳氏之學與其門人弟子翩翩高蹈以待天下之清及我朝聖作物覩俊乂咸登我小齋先生升以節孝山讋先生不用何先生友諒以名教章先生文華潘先生孔聲徐先生志文以文學楊先生信民恥齋先生昌以風猷何先生鑑俞先生欽小齋先生之孫獻斌斌奕奕希世聲名皆本諸學問而董先生茂醇宿儒篤論克紹前聞洵與潘宗伯皆從受業焉蓋黃石諸君子之澤遠矣吾田侯之志而詳之也皆以示教也且侯之治吾縣恭儉廉循三載如一日有身教焉其爲志也公而晰典而要直而理辨而溫詳而不渝確而不固文而不靡不啻志之善也吾黨之士觀於是樂學尙友之思其亦油然而興矣易曰君子教思無窮余於是亦云

題名已具在田序中

邑人兵部車駕司郎中呂若愚序

古有小史掌邦國之志而邑之有志防焉萃百里千百載之故實於方尺簡策之中俾觀風圖理者有所考鏡邑厥係有重矣新昌爲邑創自朱梁屬運否塞典故無存歷宋迄元未覩成書至國朝成化丙申上杭李侯楫由甲科出宰予邑加意圖志見民間私錄舛訛難信乃命司訓莫先生旦據洪武永樂景泰天順間遣使採緝遺稿更加搜摭成篇刊布傳誦百餘年於今矣戶口田賦代有虧盈溝洫隄防時多崖澌至於人才彙興大浮往昔失今不加纂修後此將追咎於杞宋矣維時大田田侯以甲戌來視邑篆不踰年而政教修舉邑以無事乃取舊志修輯之禮請予叔祖大司空公爲總裁又輔以年五人及諸文學開館考訂踰時甫就而編次論

述則惟出侯之手戊寅春若愚還自留都侯出淨藁見示且語若愚曰邑之地理食貨秩官選舉諸志咸已就緒惟人物志舊所紀載及其祀鄉賢者以輿論久定予無庸議若今當纂入者使考擇不精賢否無辨其奚以示信將來哉奈邑之士庶各務矜其祖父求爲表章或假譽於文人或求援於當道親聯勢軋或擠面詢輒貢諛詞背餘時騰異論其家單乏後者雖賢反致沉沫是以盈庭之言不一道旁之舍難成殊無謂也夫人亦孰不欲愛其親顧未知愛之道耳傳云乎人臣不以非所得而加之於君是謂忠人子不以非所得而加之於父是謂孝故蔡季請謚其君爲桓侯孔子賢之中說多引唐之名臣爲門人雖福郊之所爲朱子則歸咎於文中子好名之所致然則隆虛譽於親者不足爲榮而反以爲失亦奚樂乎爲此也矧先正有言名過其實者有殃又曰造物忌多取非惡多取也惡其無實而得名也今衆人之祖父往任其責者將不在今子若孫乎若愚瞿然失席曰至哉侯之言乎敢不頓首祇承以自速多取之咎也既而衆人聞之亦稍稍引退惟侯之去取是聽於是乎人物志亦成矣至於辨先賢之遺蹟明前令之初心記城垣而寓善後之圖書渠咧而垂專利之戒留續著示懷德之不忘災異詳見備患之當豫諸凡類此皆前人之所或遺他志有所未及者也非侯貞明難眩至公不移何以得此哉書成謂若愚亦宜識一言於卷末辭不獲則述侯所諭及者以復若侯眞誠之德氷櫱之操沉毅之才精明之政孜孜民事而無紛飾所眩能之意蓋卓乎古君子之風而非近世巧官之所可彷彿斯志固未及也百世之下立言君子尚當知所考云

邑人河南輝縣知縣呂光化序

邑侯延平田公躬纂志乘其事核其辭文贍而有要簡而靡遺邑之士夫黎庶相與慶忭募工壽梓惟侯負卓舉之才宏邃之學視篆不踰時政張教舉於邑之山川源委人物彙輿錢穀工役之贏絀煩頓與溝洫有淤通風俗有嫩盩稽往牒徵時憲停驂衡畢疇咨輿蕘咸繩繩井井有槩於衷出而筆之於書照盛典於往昔垂文憲於將來化不佞無能爲役竊覩侯城垣溝渠倉儲志咸有石畫寓久安永利之思譬良醫既起人之疾又筆其調和之方延年之術以詒來嗣其用意誠公且勤矣觀漢初興一之謠頴川襲前令之續侯之遺愛寧有窮既是書傳播豈直兼衆長於史氏擅上乘於志林哉新民且永藉爲邑之治譜也

山陰生員張元益序

邑志新刻田侯報余小子者曰志其有成乎惟大司空惟大宗伯秉志協謀權衡贊翼大司空用力爲多及羣公二三子咸與續予也受知張太史獲與二三子同事張太史父子嗣纂山會二邑志子必有所聞者盍亦敘諸其後哉日者大司空來余小子評品古今雜志曰志與史同源史與志異流其詳略有體其大小有分吾觀近代史家康太史嚴矣崔太史博矣何仲默氏楊用脩氏辨矣他或雜或繁或華或浮或眩奇或寡聞或質而俚或直而肆蔽私決智未能盡傳唐太史序江陰邑志其理明且達矣山會二邑志吾取其雅焉爾吾邑物土貢賦不及山會遠甚而事乃紛於二邑者其故何哉以先德風遠吾黨好爲之爭也爭則不和不和必怒衆怒生謗濟事實難吾懼其志之罔終也已余聞大司空言惕焉有警於心及質諸人情信然是故論疆界則爭台剡論紀事則爭宋元論選舉則爭虛實論氏姓則爭後先論名勝則爭題詠論門閥則爭甲乙論遺宅則爭記載論先墓則

爭銘表論王朝則爭宣力効功論農埜則爭富學攻文論婦德則爭孟母其不然者則爭共姜舉一則爭一舉百則爭百無非若是者故曰爭則不和不和必怒衆怒生謗濟事實難志其能有終乎余歷月既久遂請於侯曰余其歸夫侯曰歸哉復請問侯曰若何而能息其爭平其怒乎侯曰我思之久矣事由於我我欲息人之爭必先息我之爭我欲平人之怒必先平我之怒我惟無競其心無奮其怒公情以待物之至虛懷以集善之來如斯而已我又何求昔子產爲政無與民爭無犯衆怒無毀鄉校無止羣謗寬以居之久以需之彼且自定夫我之今日亦猶是也及其爲命草創有人討論有人修飾有人而終之潤色以成大功介乎晉楚鮮有闕敗夫我修志亦猶是也既爭者息怒者平侯乃閱故牘而蓄新聞采輿論而裁獨見筆者筆諸心削者削諸心其品藻準諸左史其實錄決諸司馬其論議博諸利害參諸古今其始以人知慮通我知慮其終以我知慮通人知慮郁乎其文井乎有理今者信而後者傳矣又何有勿成哉大司空喜曰大哉吾侯之善教也幸哉吾邑之變道也是則然矣揆其所以皆由於平日侯愛民也深慮事也精敦厚風化整齊人心尤其旦夕勿敢忘者譬若力勤家政心惟在於成家豐殖田疇義育子弟資生百物備具周給夫然後取其所有者籍而記之本其所用者圖而存之圖實圖也籍實籍也政實政也經緯裁成文斯大矣深切著明文斯遠矣余見讀是志者不曰新邑之志而曰新邑之周禮不曰一邑之小史而曰一邑之春秋

教諭徐漢跋

新昌舊未有成志自松陵莫君承邑侯李公命始輯成書紀事述言大有裨於風

教顧門類頗多繁文支蔓閱者不無重複之議矧成化迄今幾一百餘禩其間時事遞貿人文迭興歲久無紀旋將澌滅不傳矣有識者咸欲圖之而懼無有肩其事者竹山田侯以甲科來視邑篆簡易爲治愷悌作人既踰年政治民和百廢具舉暇時考究典籍念志事靡續慨然有纂修之意督撫軍門徐公督學僉憲喬公移檄屬邑修志遂議以總裁請鄉達呂沃洲以採緝役諸文學而劃繁就簡寓事於文規條潤飾暨百凡論撰則出自田侯獨斷爲書成漢捧而誦之輒嘖然嘆曰於惟庥哉是編之有裨於世教甚盛茂也古稱作史須三長俱備今志甯非邑之史乎事類蝟集文詞紛沓匪該括則勿全無次序則紊亂即能兼而有之又未免盈箱累袠殊起觀者厭倦非體也茲卷釐十三而輕重得宜先後有序舉全邑數千百年林林總總之務犂然畢備一展卷而盡在眉睫中斯亦大觀矣田侯龐恩駿惠播於遐邇而是書則又垂憲後世且不必經年曠日而成於退食自公之餘奇文奧旨彪炳簡册脫非通達之才淵邃之學超卓之識兼擅三長曷克臻是漢也譾劣謬典教事媿乏莫君之能勿克佐修盛典而樂觀厥成又不可無一言以述之姑識其顛末如此云

清康熙志十六卷

康熙十年知縣劉作樑重修序稱由張太守禹木重修合八邑勒成一書而於志中有本人傳職官志有繼任姓氏并後此十數年名宦傳中有張宏是必倉促定稿由後刊刻及庋儲原板中必有隨意增入者

清康熙十年知縣劉作樑重修序

新山邑也其地不通舟楫無魚鹽菱芡之利其田則鑿山疊石層次如階級其宮

室自邑屋數百間外皆編竹結茅以居而十家比廬者蓋寥寥焉特其地多聞人爲孝友爲節義爲理學經濟文章代不絕書且風特淳古蒙被盛時涵濡培植之化多循良牧吏絃歌踵唱往往爲輶軒君子所收採然有未愜於學士大夫之心者爲史多闕文未得犂然在目而快志意秉筆司編纂者猶未能與於三長之列也余生平慕禹穴秦望沃洲天姥之奇既而備員新邑念此地固程朱二氏所游處而文杜韓呂諸公所從受業者也著姓則有石陳俞呂潘張何章諸氏流風遺韻猶有存焉者乎甫下車輒求舊志按之志刻凡二一刻於成化之丙申一刻於萬歷之己卯自後迄今已及百年闕而未補率而少文簡而或漏則初刻有然事增於前文損於舊斯繼刻之謂矣至於參稽見聞補葺罅漏以發潛德之光者有待於繼起余愧非其人也竊謂志傳異撰編年與紀事殊科古今稱龍門之潔爲不可及端在十書諸史及三國五代得登作者之林豈非以其事括義精而考據不誣歟茲郡公張禹木先生重修郡志將八邑勒成一書奉檄趨事集僚友紳士共爲搜採專請明經呂君曾栴文學呂維師潘志鵬呂和玉俞百揆呂震何昌齡俞愼憲呂和衡諸子爲之編摩余於簿書期會中揮汗纂輯必公必愼雖告竣草草無能盡善然鄉城要害之防禦水利陂塘之廢興民風士習之淳漓賦役徵輸之緩急亦頗犂然具備使覽者知壤地瘠險古今事勢之殊也有如此尤有望於生是邦者舉能思忠孝節義之大閑爲理學經濟文章所自出於以踵美前烈無負聖天子涵濡培植之化是余之志也謂能以三長軼前之作者則余豈敢

題名同修學博張君照　少尹朱啟運　縣尉陳大道　鄉紳呂

正音 正笏 基德 景參 王性之 孝廉呂秉 夏音 廷雲 陳捷 明經呂曾模 曾龍
曾栴 調 鴻燦 潘近聖 照如 陳宏煥 錫紱 王愷之 文學呂維師 和玉 和衡 震 熊貞
正孝 昉 際發 霞 呂調 熾 作鏞 岱 曾楫 烜 起律 生音 邦器 省 曾植 坦 景孟 潘志鵬 鯤
滙中 資深 俞百揆 愼憲 心孚 靖 猶龍 士升 珮 何昌齡 世龍 廷模 三俊 資煨 章于淳 于湛
陳著星 撰 宏畧 宏景 錫組 德禎 聖學 心唯 石思潁 張鵬 烱 等七十五人督工
何思任 趙拱宸 呂冲齡 陳挺玉 經承書辦陳翼之 潘君掄

邑人陳氏蓉臺評本六帙 蓉臺大令名金鑑道光年間著宦績詳本傳

志局案曰評本凡六本其三本皆附著舊志中其手鈔考異三本首敘及越地沿革考覈精審足補省府志之闕次於石氏源流凡爲前志所畧者皆直探其原而補之且有爲成化志所未及者三則於廢廨古蹟尤探賾索隱縷列行間未見之書體例亦更嚴密蓋先生館於省垣許氏時所蒐輯者故採拾較多新自有志乘以來咤爲罕見及今戊午春設局時其文孫升如福堂茂才出以見惠手澤如新堅紉完好幷述屢經亂離先德寶存之苦言次幾至淚隨聲下其珍重可知此次

藉以采輯成編詎惟邑人士之盛

邑人陳氏藹卿志藁十六卷廣文名謳光緒年間著仕履詳本傳

志局案曰先生爲竹川孝廉介弟一時有二難之目孝廉精於經學廣文則自成年後即專心掌故於鄉邦文獻尤爲致力即此一編刪繁訂僞積至十六卷皆一手親書中間蓋不知幾經歲月易稿再四方得此完本丁巳夏初議重修時即蒙見餉自康熙至光緒垂二百五十年其職官選舉等事績即據以作底本忠義節孝尤資考訂闔邑人士一無間辭唐白樂天作沃洲記云白氏世與有緣後人至立三白堂今茲志事大令擇之精廣文語之詳金侯評閱既竟戲謂曰原啓所謂前緣於此徵之信乎校勘彌月時爲憬然

丁巳夏原啟

夫以洪遵之判東陽鄉邦成志栖筠之臨南面孝友傳圖爲政必舉大綱考古即爲治譜剏新自吳越建設文獻無徵按梁開平二年即吳越建元天寶元年寺院碑碣或有可證撰其情勢一如今日宋有梁希夷之錄已失流傳明得莫訓導之編不無藍縷比及萬歷田侯資呂尚書以主裁終自

康熙劉尹集邑人士以編纂卷祗十八甲巳四周歲月飆馳老成凋謝客來天姥盡如夢游人在仙原幾忘世紀僅由邑人家藹卿先進輯有志稿若干卷訂叢殘於一手繫墜緒於千鈞二百年來惟此而已汝南月旦轉瞬易更華陽春秋私書終閟加以海枯石爛桑田由歷刼而成殷質周文竹簡發共和之秘今昔殊尙中外異宜不相斠通曷標典則此今知事金湯侯先生所由以本州之中正爲鄰邑之使君議修是書刻不容緩也間嘗論之有上無下則九能雖備在官烏得寫書有民無官則百廢孔多戾已庸能圖始其難若此其易可知猥以不才倖與斯役似沃洲之於白氏代有前緣或耆卿之在赤城本同家法惟愢陸莊之誚彌切將伯之

嘑生同父母之邦孰非桑梓就作圖書之列也勝米鹽所冀併力搜羅分門採拾不使將軍解渴僅爲羅隱廋詞庶幾定武謄眞遠勝永和原刻世無外史敢先縢叟以引喤我思古人已有英靈之飛檄

疇人失官亥步未周左圖右史坐治沃洲志輿圖

開門節度分析剡東石牛訪舊搜剔莕封志建置

疊理伊始以今證古盲瞽陸沈免斯幸矣志山川

三溪環互瀦洩失宜或圩或區請待來茲志水利

錢氏苛稅民不堪命編審既定就貽隱患志食貨上

天眷瘠土芭葫是利疇謂山邑產桑非地志食貨下

井田學校相輔而行如何徧舉用中今情志禮制

報功崇德中國之中剡東古道宏此農宗志氏族

新爲巖邑明台筦鑰趦後懲前寇氛以熄志大事記

舊院題名一臧一否千秋萬禩問誰指數志職官

儒術譸僑害在科舉日新又新如何佑啓志選舉

趙忭一鶴王喬雙舄飲食教誨同爲導師志循良

四明之幹台山之麓鬱鬱葱葱百年喬木志人物

桃花流水杳然人間仰瞻天姥清風徐來志列女

謝公開道支遁買山覇圖已矣時見刼灰志寓賢兼仙釋

紫陽之學沾被南明嘲風弄月綽有典型志藝文

俟仙迎恩有明始城人民猶是三桑巳經志金石兼古蹟
六度之檀足袪民害如是我聞陽秋有在志寺觀
五行繁露庸皆靈應星日各家亦復意逞志雜記兼軼聞
毋疾於固毋踏於虛千金敝帚回視前車志原始

新昌縣志卷二十

沃洲詩存

潘音 宋季人詳本傳

遠遊

聖人久不作大道終已矣吾生既無之惟有幸夕死殷勤謝良友遠涉西江水方從草廬公共究鵝湖旨紛紛朱陸議竊幸窺端倪奈何執德偏一聘翻然起春秋嚴內外乾坤定冠履西蜀已空亭箕山仍洗耳迢迢返巖阿性當隨鹿豕

山居阻雨

霏霏風雨暗郊原有客含凄獨掩門山鬼嘯雲移峭壁毒龍將海浸孤村愁來自灑青楓淚戰罷誰招絕漠魂繭足空齋

無一語不因岑寂怨黃昏

悼文丞相

回首中原已陸沈捐軀朔漠氣蕭森恐吹餘燼成炎漢未許黃冠返故林社稷忽生千古色綱常無忝百年心總捹清骨縈荒草不復胡沙掩素襟

聞鵑

子規聲切月輪斜起望諸陵憶漢家婦女尋芳渾不解鬓雲爭插杜鵑花

潘壽 明初人詳本傳

九日與劉青田呂山聾諸社丈鼓山登高分韻得滿字

霜飈作寒聲白雲自舒卷黃花正芬芳天氣清無限出門欲何之駕言集仙館令節遇斯時且作登高晏絕頂列華筵觴詠略絲管我曹八九人方外更爲伴談笑樂天眞塵襟頓如浣緬想龍山游此會亦何忝追歡迫日暮牽攣忍分散長嘯出林麓月色溪上滿

陳捷 清時人詳本傳

磁州道中

兩水夾垂楊荷殘堤亦香人家蘿徑裏野店古橋旁綠灑麥苗露紅飛楓葉霜車中三兩日獨此勝他鄉

楊世植 詳文苑傳

送溫少府還里

拂衣新就遂初篇，釀酒先還種秫田。豈爲仇香嫌枳棘，也知梅福本神仙。溪山無計留雙屐，父老猶思獻百錢。明日重臨瓜蔓水，布帆已渡鏡湖天。

己酉立冬偕韓樵谷吳韻玉訪淨業張山人

淨業先生迥絕塵，名山恰好著斯人。樽前時有陳驚座，谷口寧無鄭子眞。展帖小窗臨癸丑，焚香夜榻守庚申。梅邊索笑還相憶，曾聽樓鐘悟夙因。

俞思敬 字怡然，號一新，拔貢生。

促織

籬邊促織最關情正値中宵白露橫金井夜闌音斷續玉階秋曉韻凄清天涯不盡王孫別屋角空教嬾婦驚催促西風啼更苦琴絲寫入一聲聲

俞洵騶字冀超歲貢官松陽訓導

遊山寺

碧峰來叩寂幾曲上雲堂苔甃寒泉冷風檐舊鉢香天高雲欲淡山晚樹能涼坐覺塵囂遠松陰暮色蒼

陳雲衢

嘯圃與嚴逸人

天寒詩骨清樹禿風聲歇坐隱夜已深敲冰煮山月

呈張明府松生

一角山城落日斜勸耕南畝且停車風流不學河陽令只種桑麻不種花

王性之詳本傳

南巖山

神工何代擘雲開千尺懸巖翠嵂排疑是維摩飛錫處郤傳公子釣鼇來星搖石罅巖花滴日影潭空鷗鷺猜更見天孫留一軸機聲隱隱碧嵐隈

俞汝本詳本傳

聞浙江定海有警

聖朝寬大信如天不斬樓蘭示曲全蛟鱷竟能噓毒霧蟲沙旋見化寒烟明珠南海殊寥寂翠羽東甌早棄捐豈謂天家輕法網翻教横海尚戈鋋

弔申忠節公佑喜新祠落成卒成四律録二

城東何處訪崇祠碧草黄鸝悵客思萬里幽魂悲雨帝千秋遺恨喪王師徒教輿乘成孤注我歎編年有漏辭畢竟中原誰土地空令魚服葬江湄

遺像莊嚴正氣存古今無毁此乾坤昭忠已入皇明紀訪舊空餘火炭村大節在三眞不朽荒祠無主更誰論瓜綿幸有雲礽在揚顯還先孝行敦

呂　璋詳本傳

冬日游刈陵白巖寺卽贈陳蓉臺大令

白巖古剎訪靈蹤，聞道僧寮夢裏逢。偶著紫袍游佛界，肯移黃蓋駐藩封。朱欄文石繁華想，翠柏蒼崖冷淡容。獨惜花時人已去，一鞭殘照暮山鐘。

陳　謨詳本傳

訪宋錢氏書藏

九里長松靑未了，頽垣皴碧苔痕繞。宛委山深蒼靄迷，芳芸空對春風曉。吾聞邑父卜築時，凌雲傑閣望參差。萬卷縹緗百城擁，左圖右史心神怡。昔者蘇公嘗題門，願比曹倉永永存桑田滄海世常有落花芳草空斜曛捫蘿獨上湖山麓芒鞵踏破春烟綠欲叩娜嬛福地來石室凊寒重躑躅村南村北車馬稀眼前惟見柳成圍漢家天祿猶秦炬對此蒼茫百感來

王秋潭詳孝友傳

梁聽三先生贈七律三首

沉吟幾度又酸吟快事無多悵古今風雨頻添狂士恨河山不換故人心淩雲空抱相如賦流水重邀鍾子琴爲有前途嘲未解仍將落拓示知音

英雄落魄苦多端世態炎涼幾暑寒有事都從難處見無人

不向笑中看青雲愧我登梯短白水盟君立志寬運會古來誰得意蟠溪八十慶彈冠

不經盤錯不成材忍使英雄壯志灰定遠記書曾誓筆王郎抑塞豈輸才羨君胸竹雲中植愧我心花夢裏開二十年來癡特甚也思梁棟待鴻裁

夜坐偶成

風送梅香入座月邀竹影當牕獨坐忘機已久燈殘灰滿銀缸

余以鎗詳文苑附傳

讀曹娥碑

江上風濤撼古祠碑高三丈蟠龜螭邯鄲才子揮健筆黄絹題成絶妙辭辭成翡翠含幽光字字濃薰有異香度尚已沒魏朗死碑陰賞殺蔡中郎君不見中郎題字鎖緑苔竟使邯鄲顯奇才淸詞妙句嫓蘭臺又不見孝女捐軀玉釵缺杜鵑夜夜紅啼血千秋正氣增芳烈臨江浩歌風捲鯨波哀彼孝女傷如之何吁嗟乎豐碑屹立蘚痕緑竟日撫摩看未足環佩空歸孝女魂江烟江月立黄昏

陳金鑑 詳本傳

得家書知南中旱災感賦

九夏南雲日日紅望穿病眼到秋風書來細説家鄉暵讀罷

深憐族黨窮地動一方驚老弱市災百貨困商工果然歲諺輪逢午人馬調飢食土同

庚癸今年處處呼耳聾徧值守錢奴紅陳羅閉臧孫玉黎獻憂描鄭俠圖恒嶽東西愁雁斷大河南北慘魚枯吾鄉好義由來衆定有仁人愛屋烏

陳暟 詳文苑本傳

戴仲若攜酒聽鸝處

一片荒涼地斯人安在哉溪煙連晚樹山鳥下青苔落日漁樵唱殘碑風雨摧黃鸝依舊好懷古有餘哀

呂作心 字膂臣 諸生

沃洲山

沃洲山色正清酣睽與支郎貯一龕松檜雨餘山抹黛蒹葭風起水拕藍平津鷗戲春歸半巖樹雞鳴午度三擬翦茅茨倚翠壁開籠放鶴看朝嵐

俞勷堯詳附傳

水簾庵

水繞山圍地紅稀綠暗天寺深僧貌古客到鳥聲圓即景黏花雨飛流碎玉烟此中眞面目何處問坡仙

陳　象詳文苑附傳

謁先忠烈公祠七首錄四

括蒼花判吏如仙生氣於今尙凜然一片臣心盟白水千秋
史筆重青田憂民憂國成孤憤全受全歸卽大賢應似長沙
悲鵩鳥治安莫奏誤英年
干戈滿地陣雲環耿耿孤忠血淚殷生不永年追武穆歿留
正氣與文山烟塵北道無全壘燈火西湖且半閒抱負如公
拌殉國中朝孰與濟時艱
青衫司馬說江州難得循良似太邱天向括蒼支半壁家傳
忠烈到千秋北征將士蟲沙幻南渡君臣燕幕愁如此朝廷
空扼腕一官何處賦歸休
風景新亭滿眼非殘山賸水幾斜暉刼灰大地紅羊換霜信

橫江白雁飛半刺卑官紆報國一門止水誓同歸涓埃未答身先死千載逋臣淚滿衣

俞聘三字莘農歲貢詳本傳

沃洲懷古

南明山畔路紆徐支遁當年此隱居馬𨈇坡前新雨後鶴歸亭外夕陽初風光依舊人琴杳憑弔蒼茫歲月除千載名流懷晉代更從何處欵蓬廬

余鴻翙字時齋嘉慶辛酉舉人官縉雲訓導

輓史肅庵致霖同年

少達詩人慨微官兩載餘方干空及第司馬有遺書一座悲

長寂雙珠望不虛稽山歸櫬後宿草慰坵壚

陳樹籛 字應選廩貢官嚴州府訓導祀鄉賢著適可山房詩稿

夜泊清涼寺

深竹當門入綠雲山僧禮數笑殷勤雨聲斷處鐘聲續嵐氣濃時水氣薰應有老猿來聽講偶招癯鶴與聯羣浮塵那得清涼景禪榻經春百感紛

張得僑 字素庵廩生著環翠軒四詩卷

海氛曲

海氛漫天崩洪濤地軸倏忽翻靈鼉風聲鶴唳紛遁逃狡兎乃得恣嬉敖廣市白晝虎豹嗥朱門大厦生蓬蒿流離轉徙

雁嗸嗸引嶺北望心煎熬帝閽萬里何處號忽傳王師來江臯樓船十萬載朱旄窄襟斜壓赫連刀道旁笳鼓驚兒曹將軍玉帳談六韜美人纖手斟蒲萄清歌妙舞撥鳳槽天陰鬼哭荒城高

短歌行

去者之日何滔滔愁城直逼蒼穹高美人瓊珮來江臯俯仰笑余同桔槔人生天地如鴻毛秋空黃鵠恣翱翔胡爲落落隨兒曹三百六旬常滔滔虛齋夢醒風蕭騷簷花欲落寒蟲號涼月西穨首自搔萬事不如持霜螯造化有權那能逃升沈窮達任所遭

陳維翰一名壽玉字仕生號菊村著石藴山房詩文集

古意

北山有二木一材一不材大匠入山去見取材者來東鄰有二雁一鳴一不鳴嘉客迎門至不鳴先就烹木以不材全雁以不鳴死人生天地間何術保終始莊生雖寓言實足爲惇史

會稽雷門鼓大聲聞洛陽立武思將帥防姦鎮封疆不如殷與周楹懸莫能詳海盜起孫恩擊破雙鶴翔隻身劉季奴揮刀禦披猖瀛壖妖氛息唱凱聲喤喤千秋雷閔寂五色雲飛揚過此持布鼓心中應慚惶

呂司壚字公友歲貢官仁和訓導

白髮吟錄一

博士官猶冷先生道自清誰憐清渭曲水意釣魚人

又和韻錄一

今者呂氏子峭然八十翁一官常自哂白首爲誰雄

陳承然字敬可恩貢著南厓詩集十二卷

題諸暨磨心潭顧氏三烈遺蹟

鼇翻地軸東南缺霹靂一聲山石裂磨心潭上葦蕭蕭月黑燐青人影絶曾是綱常欲墮時杜鵑夜夜紅啼血天留正氣與裙釵慷慨潭心齊秉節君不見犬之年蛇之月顧家有婦

稱三烈石年十八苦茹荼姚年十四哀拘玦更有靑衣蔡氏姝淸操一樣厲冰雪當時江上盡黃巾介馬馱馱恥汙衊一死甘爲魚腹魂妾心方寸堅如鐵自來江水注淸潭江岸飛濤恣衝齧忽驚陵阜起潭心靈迹分明非浪說記我淸風嶺上行血痕灑石字磨滅登臨復與弔娥碑巾幗能賢心頓折爲弔貞魂訪此潭磨心不見波光澈祗有幽蘭滿地香一天皓月爭芳潔

俞鴻逵詳本傳

石城紀事十六首雪上山題壁

山城一夜唱烏飛五百年來此圾稀燕去樓臺何處是鶴歸

城郭已全非蕭牆奸宄先胎禍守土因循實失機一部滄桑變幻事臨風彈罷淚沾衣

水龍盤結叉紅旗蝸角輸贏似奕棋屋鼠穿墉橫晝日野狐升座渺官司目無憲典眞蠻寇幸有囹圄定禦兒底事深山仍縱虎刼灰暗暗使人悲

盧循戰艦剗溪東慷慨籌防半阿蒙從事一人衣誚白團兵五處纛搖紅絕無熊虎驅强寇却有羊羔飽醉翁待到兵臨城下日楊花飛去滿城空

土兵一炬寇兵來鄉勇由來是賊媒俘擄都成牛馬走創夷遍築髑髏臺可憐少婦包羞障却笑錢奴守盜財更有一場

荼毒事玉棺閉處報今開

太息銅駝臥棘荆烽烟棲斷虎狼城未聞日下來元老翻怪

風聲助賊兵郊外募民愁呂布軍前伏策笑陳平關南更有

楊無敵匹馬台山萬籟鳴

魔兵陣陣戴紅巾轉掠鄉閭只索銀僞檄忽問頒李信援師

不及哭張巡和戎妙計收羣策說貢奇才仗九人笑煞斯文

眞掃地鄉官多半是鄉紳

軍帥紛紛說建元紫袍黃褂拜新恩達人定屬鄉賢後膴仕

還推翰苑門索貢籌捐甘飽賊縱金伐鼓暗消魂諸君休笑

鞭笞辱廷杖前明舊制存

更聞澤國有孫權青蓋紅旗映水寒十里風聲兵卡肅一簾花影訟庭寬江東舊族爭依表幕府羣才喜識韓富貴故鄉眞快事可憐僅得半年官

引類呼朋氣象雄三三兩兩各從戎空聞勁節伸何點不省狂言草石崇到處軍師來小宋忽傳城北住徐公妖氛擾攘何時息回首家園一夢中

夜半譙樓振斗刁一城木葉住飛鴉緣溪處處增營壘附郭村村感寂寥餓虎誘人開互市飢鷹飽後便凌霄笑他作健從軍者盡學南宮載寶朝

彩烟山上陣雲橫簇簇紅旗照眼明荷戟人多壯士少投鞭

勢重敵威輕王郎未必能恢漢鄭忽何曾解用兵知否棋盤
巖下過風前一望卽迴旌
降旗抛却義旗興反側如斯亦可憎爭說陳元工畫策誰知
梁震竟無能屢驅烏合貪功伐遍害蒼生不創懲試向青陽
門外望西風愁煞佛圖澄
靡旌摩壘苦朝朝一度興師一度燒好勇無謀空鬭虎覆巢
取子痛飛鴞山頭剩有煙凝碧城外更無土不焦怪煞勞師
難奏凱翻教荼毒縱蒭蕘
半載山城困楚氛忽聞天上落將軍長途剛喜驅班馬大地
又傳聚野蚊定有鴛鴦飛墜瓦難從蝴蝶問羅裙怪他觀望

周章者賊退爭驅露布文

愁雲萬疊沃洲山浩劫茫茫見一般帝子竹枯啼淚滿杜鵑花發血痕斑尚餘芽蘖除宜盡初定瘡痍撫亦艱聞道汪淪新奉檄山城端賴拯痌瘝

半生牢落志難伸擾攘干戈更愴神愧乏一長酬社稷只流雙淚報君親深嗤執戟空投閣不效中郎忍失身他日蓋棺徵定論猶堪冠帶見先人

梁景鴻 字晴喬別號中江吏隱著有遺稿一卷

戊申春遊蒙城題莊子祠

洪荒元氣本渾然蚩尤突兀逞其偏强悍淩轢成支派滔滔

戰國風彌天造時鉅手蒙莊出自嘅生辰不後先舉世前趨勢必阻退後道德五千言矯枉卻虞風不競着意模稜更癡顛力量之宏湯與武人亡政息弊甚焉萬年長策孔孟是斯道眞的孰薪傳或謂一死乃忠介屈賈易盡亂方延淚枯血乾餘冤氣吁嗟螳臂與蚊肩張極而弛天之道補苴掇拾空戔戔處世精神必金石破空搆出南華篇大聲疾呼聞者駭言之無罪形神全婆心滿抱殊從井御風高寄白雲端濁酒百瓶劍一匣閒將醉眼朦朧看賢王夢卜如有日昔時傅巖今漆園刼運未終斯已矣呼牛喚馬任人喧欒社稽沙今共仰羣生莫名名莊仙

徐有聲詳文苑傳

天姥

天姥山高四萬八，老樹龍蟠依古刹。尋常星斗掛鐘樓，彷彿雲霞生殿閣。夜半扶桑天鷄鳴，早起咸池海日達。唐僧創制檀越遺，名列熙朝青鎖闥。

吕青芝詳人物傳

野望

乘興出林扉，長堤遠樹微。花隨春意發，鳥帶夕陽飛。轆轆新遊輦，蒼蒼古釣磯。江樓誰悵望，雲際片帆歸。

山館漫成

畫中山水竹中樓置酒敲詩事事幽靜聽泉聲孤枕冷綠分蕉葉小窗秋花應經雨頻啼淚簾爲留香不上鈎幾度抛書松下卧滿懷塵念付東流

晚眺

一林翠竹含輕霧數點青山傍落曛隔岸笛聲人不見半溪風月半溪雲

宿仙巖

天高夜氣清潮退江聲靜起向蓼花洲持竿撥月影

夢中作

番番花信過花莊花放花莊草漸芳鬬草看花歸去晚小欄

干外月如霜

惆悵橋

涇雲淡淡柳陰陰流水無心却有心劉阮不知離別苦爲他

嗚咽到如今

俞伯旭字紫丞著有古籐蘿花吟榭詩詞稿四卷現年八十餘尚存

七十自壽

韶光一瞬走風雷又見梅花十度開無限烟霞供嘯傲多情

花鳥喜追陪縱教白髮相催急能使丹田絕點埃已悟生成

磨蝎命謀生太拙學癡呆

見說金陵古帝州秦淮依舊咽寒流孝陵氣象森鐘阜禁院

凄迷枕石頭半壁河山稱六代幾人事業占千秋我來徒抱興亡感獨喜佳人喚莫愁

當年烽火黯神京西幸鑾輿海宇驚宮殿依然仙仗擁郊原尙有桔槔聲皇言自責恩膏厚永祝乾綱帝業亨雖幸餘生延歲月漫將新政細衡平

洞庭湖上水溶溶屢掉扁舟任所從嶽麓晴嵐烘幻市瀟湘夜雨遞疎鐘每憑方寸無他見未喜圖隨少曲逢一事至今抛不去飽看七十二芙蓉

濟南自古勝名區大舜躬耕跡在無宸翰豐碑崇雉堞鐵公忠跡壯明湖齊烟九點雄東土河衞雙流拱北都三次經過

俱作客游踪細認不糢糊

此身位置有前因何用營謀太苦辛灑落半生無色相良緣

三續作窮民青箱世守原無負祖硯維持志未伸獨有萱幃

虧奉侍老年那禁淚沾巾

陳慶龍字子猶著有心白堂文存一卷桐陰小草一卷現年七十餘尚存

古剡東渡泛舟

盪槳時過剡曲東爭先快渡手移篷一聲欸乃山前綠數里

蒼茫水面風打起鷗眠飛各各問來客路話悤悤我生若擅

丹青術繪寫溪山入畫中

汀洲詩存

沃洲文存

徐霖 宋時山南人採稿稱仕制幹郎後授校書郎

元氣神氣論

天下之大有元氣焉善養之則天下之勢實而不虚天下之大有神氣焉善養之則天下之勢張而不弛天下之勢最患其虚也虚則萎痺枯槁不可扶植天下不可爲也治之之法當以本仁爲貴天下之勢最患其弛也弛則懈緩滯淫不可振舉天下不可爲也治之之法當以勵精爲貴愚嘗因是而論天下之元氣與天下之神氣焉本仁所以養天下之元氣也勵精所以養天下之神氣焉道並行而不相悖術兼施而

不相違涵蓄韞藏之中而有精光發越者剛明決烈之時而有纏固覆護者然後天下之勢如磐石泰山生靈藉以依息子姓蒙以悠久而其證爲實天下之治也如長江大河之流轉如風雷霆電之飛馳鬼蜮魍魅屛跡遁景而不敢睢盱豺狼虎豹深藏反噬而不敢陸梁此其證爲張天下之治也善治天下者亦實其虛而張其弛足矣

徐志獻明時人

修志對成化時莫敎諭旦策問

凡問必有疑也然亦有不疑而問者執事首以新昌一邑之事蹟爲問此所爲不疑而問者也愚不敏何足以知之敢摭

平日所見聞者筆之以求正新之爲邑地不足百里里不過四十然而有天文有地理分野纏於牛斗之度疆域屬於揚州之區其置縣則吳越王錢鏐於開平二年分台割剡其納欵則台州賊方國珍於國初吳元年面縛輿櫬戶口之盛莫盛於嘉定之十年賦稅之豐莫豐於永樂之十載人才踵生求其以道而鳴者惟石𡼏崇尚正學而學庸輯略等書以成俞浙杜門著述而五經審問諸集以作山川秀麗求其以人而重者則天姥以李太白夢遊而著名石溪以石待旦建塾而不朽忠孝立身之大節也石永壽代父死難名垂於國史呂德升養親百歲而傳美於鄉評董曾之拒陳友諒而守城

以死吳觀之不臣元人而拒守以歿節義人道之大閑也以周典史女之罵賊而殺身唐僉事妻之躍水而殞命其秉義也有陳雷之隱德而能養賢濟衆石悅可之平賊而能以功遜兄名宦非一也惟林宅數公有遺愛之思科第至盛也惟石氏一門有三狀元之賜鄉賢崇德也今濫奉他產之文杜韓呂而不及忠孝節義之諸賢甯免舍玉琢石之譏嘗祀報功也今止於祀典山川社稷而不及來宦有功之賢宰甯無滄海遺珠之嘆公塘邑之荒墟也而有神禹之廟水簾邑之勝境也而有文公之詩三溪渡不過流水而已而以三溪名者昔唐賊裘甫作亂而張公著沈君縱李圭將兵擊之而陣

死於此所謂地不自重以人而重者歟四相潭不過寒塘而已而以四相稱者昔宋儒石待旦設教而文潞公杜祁公韓康公呂申公相從受業而遨遊於此所謂景不自勝因人而勝者歟至於仕宦之人最顯者則宋之王爚拜左相而封信國然當國步危亡之際營曲水流觴於長潭能無免於君子之譏最舊者則今之石氏於萬石君爲五十五世以墳塋風水之說而歸咎於開硎有功之林宰安能逃於識者之誚其他若亭館之勝則石城迎恩之館溪山一覽之亭皆依山臨水勝孰加焉土產之珍則彩烟山之白朮芹塘之黃精皆瓊枝綠葉性溫味和服之可以延年可以已疾珍孰過焉凡此

皆舉其尤者以言餘悉難名嗚呼新昌雖曰小邑而山川景物人才風土有如此而山陰以王右軍爲重滁陽以歐陽公爲重不然何以有此芬馥於天地間耶先生苟能於講授之暇抽秘騁奇見之著述而形諸歌咏播之四方而傳諸後世則新昌之名將與山陰滁陽不朽惟先生留意焉

徐雲卿 明時人詳本傳

雲卿自贊

道不能以濟物言不能以勸珉徒心希乎聖賢而學究乎天人脫汚濁而自潔洗腐爛而從新不發而爲兩間之用獨歛而爲一腔之春適性情於風月之際韜聲光於雲霞之濱樂

乎善而安乎貧拂其意而修其身庶幾乎古之逸民夫豈丹靑者得而狀其眞外旣輕而重者內貌固陋而淸者神壽夭之命敢弗自珍竊懼所生之有忝故恒夕惕而朝寅深求乎志勉勉循循正脈尋乎墜緒和氣邁乎游塵所見者大樂也惟眞靜修在我寡知在人雖不能行義以達道聊足以廣心而淑身吁此東野拙夫乃昭代遺民抱愚守一至死而無愧於衣巾

呂　㷍 淸時人 詳本傳

香林寺碑記

余邑東三十里有香林寺由來舊矣在崇山峻嶺中空林無

人修竹萬竿眞習靜地也住是地者緇流物換星移法派不可攷而寺亦頹廢明天啓間僧會師惠乾重興之當時遊其寺者則邑中諸先輩而匾額所書公理潘公之遺蹟居多焉嗚呼寺創於周顯德四年歷今近千載曩時豈無明公巨卿登臨其地而寺之興而廢廢而復興亦豈無如惠乾其人者乃何以盡湮沒無人傳耶則人所恃以傳於後而不澌然至於盡者必自有在矣惠乾四世徒孫正信偕徒覺相焚修寺中有年矣覺相恐寺之田地山號久而無稽也願勒諸石以圖永遠因乞言於余以記之其亦有見於斯也夫故爲之記

潘聓字亦錦號醉翁舊東區十八九都儒縣人清庠生著有學庸彙正一部

學庸彙正自序

博採旁搜之爲彙遵經合傳之謂正近來講家雖各有順文多畧而不全余自成童時從叔祖三山伯父損齋時就正於呂公自學庸四子書三先生皆考究有素積學名儒耳提面命愷切指示余承師命恐久而忘輙彙載於體註說約二部至乾隆甲子余授教生徒於村之知足處課讀之餘舉從前所聆師說併集羣書彙寫成帖是時余年三十有餘矣後余至臨安與段子紫洲許子文炳至越與徐子廷槐吴子青于傳子調梅沈子冰壺南明司教李子芸圃諸公皆博採旁搜遵經合傳促膝談書瞭如指掌始嘆從前彙錄未盡善也今

年近七旬而視茫茫苦不能書猶幸盲於目不盲於心彙說約正義彙合解闡註題鏡融註黄際飛大全朝與姪孫可與讀之摘其要說夕與俞君金水載之又仔細蒐羅彙王步青滙參金輝鼎四書述李岱雲輯要撮其言之按切脈理聯絡貫串與姪孫時風更爲彙入余竊思之自宋迄今代有名儒僕也何人敢操斯技不過師說所傳羣書所載諸公所論不忍輕擲逐一會載名曰彙正所彙之書綜一生之聞見殫一己之心思略參鄙見頗知貫串學者涵泳白文體貼語氣詳觀順文細參圈外實義虛神庶乎有得不然童而習之不至皓首茫然者幾希然則余之是書不過爲學者小補云若謂

能彙正則吾豈敢

張問明未知何時人

達庵記

客問於余曰子之名其庵而取乎達也夫亦欲變而通之如書所稱達孝之云乎應之曰吾輩情則殷矣而時勢皆違無可達也客曰我知之矣夫墓藏而廟祭周禮也漢時始有墓祭論者多辨而非之不知墓者藏也所以藏先人體魄也夫子之於親思其寢處思其笑語皆若見之況於體魄所藏而有不思乎則達周禮之窮以盡其變漢儒之墓祭未可盡非也子之爲達意在是乎曰今世雖不及倣古制二一祭然雨露

旣濡歲一省之盡人皆然達奚必自我始請明以告子巽巽梁家庵山之原吾高祖簡之府君兆城也舊有庵以居守且以爲子孫洒掃憩息之所後侵於水蟻每過而悲焉欲刱新之仍基於舊取材於山將以是冬鳩工而適與譜會乃預告殺青記其始末年月使子孫聚而謀曰今日匠石之費有不能待者矣非達其情之所必至時與勢之所必爲者耶以是名達子以爲然否遂請書曰達庵

楊世植清時人詳文苑傳

隋榮王碑

隋大業十三年江都變作武衛大將軍王世充留守元文都

奉越王即皇帝位改元皇泰明年四月世充矯策行禪讓之事芟夷葛藟劃絕天潢王乃攜妃韓氏遜荒於野渡浙而東歷於越之奧區抵剡鄙之峻阪是曰三渡於時處處生爲諸王沒爲貴神自貞觀以來千有餘歲瓞衍椒聊並受餘祉瞻墟墓之巋然慼貞珉之有缺於是博諮黎獻旁採志乘詳其巔末以碑以銘王諱白字繼淸系出姬晉其別爲楊卯金膺籙肇封赤泉爰暨元初仍世柱國十有二葉桓桓武元實輔有周肇造區夏皇用嘉之錫以上公之爵俾國於隋功崇德懋格於皇天篤生高祖文皇帝代周兼齊遂平江左樹配天之鴻猷揚無前之偉烈周綿厥緒惜不其延前星中隕嗣主

重劉我王筮天山之占蹈東海之義聿來彩烟曹伍山岻蓰千乘其如脫謝選用於新朝圭組長辭烟霞是寄故國積黍離之恨王孫有江頭之哀以貞觀十九年薨葬於三渡之原民用愴懷祠於冢次多歷年所斷碣沉埋精英耿耿彰厥祈禱沴飛蝗於塍陌霈甘澍於黍苗災沴用除休嘉咸集維嘉定十七年天子以宗祀明堂之恩廣詢明神錫之封爵裔孫大春列王事狀聞於轉運司迺遣散寮祗謁祠墓詢肇祀之權輿諮昭應之成跡揚於王庭丕顯休命保應之勅符於祀典遂以主彩烟之山其餘台婺之間皆有行祠元妃韓氏死節金巖別有塚祠忠烈之風屹然相望次妃王氏生子曰遁

志遜荒也明德祇遠世有達人宋侍郎轟明刑部尚書容成都前衞知事宗哲平原縣知縣宗器都御史信民其最著者植既採集故實得王肇基彩煙及勅賜廟額之原委而錄其可紀者復爲銘詩以彰王抗高節禦大災合祀典膺顯封澤流子孫永遠無極之意

銘曰於穆我王屏藩作輔大邦退終罔延厥祚羞作祼將曷云其逝茫茫越島浩浩浙河以舟以楫言陟其阿彩烟漠漠王征不復惠我無疆以綏後祿赫赫我王在帝左右左右維何俾民壽耉作廟枚枚民靡不懷燠我冬日煦我春臺昔在寶慶對揚休命穆穆皇皇是曰保應瀝江之澤潺潺無極長

發其祥允王之德

徐有聲詳本傳

儒山堂詩集自序

或曰詩可序乎曰不易序也曰他人之作不易序而己之作亦不易序乎曰他人之作不易序而己之作更不易序也何也他人之作譬以己之耳目對人之面孔一見之而膚髮體貌孰清俊而秀可挹孰龐厚而腴可披孰隸籍於朝班而爲食祿之器孰棲情於邱壑而爲含糗之癯孰攘攘於市肆孰錯錯於通衢又非若金之鑄於冶而一肖其形更非若埏之范於鈞而無異其名接於目而瞭然於胸其於富貴貧賤之

分不待輿徒服飾之異語言應對之詳猶燕王之相袁柳莊褚傳之譏孟從事即或不盡知其底蘊如襆之藏禿扇之障面而瑕瑜或掩亦不過什之二三矣至於已之作亦猶人之面貌不可反視鬚眉不可內觀必借鑑於水取象於銅然後軀殼之長短鬚髯之有無與夫漆堊丹黧之顏色少長蒼老之年庚而乃得其近似譬如日之與火其光非不甚爍然外照則明內照則暗也是故李令伯無不稱其忠孝爲克全而乃有少事僞朝之失王義之無不推其斯文爲絶唱又不無天朗氣淸之訛均之美醜內秘無自知之明耳人無自知之明而予曷以序乎亦曰予之用力於詩亦有年矣自戊子歲

山寇陸梁火吾居而寄棲於邑既而黃臺之瓜不特摘其再而且抱蔓以歸未幾炊臼入夢不特不爲炊而更不見其釜流離困苦大半以詩遣之所謂解酲以酒濟渴以茶非乎迄於今年垂七十矣歷事不爲不多矣而生平之所致意其在斯乎其在斯乎設欲以定價於荆州取重於水鏡而以自序者緣人以及己隱己以同人愚生無狀又何敢焉

俞鴻逵傳詳附

弔石城賦

咸豐辛酉十月粵匪陷新昌城民倉皇出走賊兵踞城守大隊陷寧台明年同治改元夏四月王師沿海來復寧郡克台

州新昌賊首不自安聞風潰散土匪伺賊去焚掠一空登城四望瓦礫悽然予心憫焉作賦以弔之其辭曰悲乎哉試望石城荒涼滿目日薄頹垣風悲怪木草蔓縈靑苔深結綠破琛鳥啼荒街鬼哭觸萬疊之愁雲淚一枝之斑竹猶憶夫王根華胄衞尉豪家重檐廠日飛棟連霞巷名棗樹宅是桂花合桃秋實銀杏春葩堂開一樂街闢三叉園皆可而春滿樓第一而雲遮莫不藥欄曲折苔坂鬖髿茗觴錯雜裙屐喧嘩又如七級浮圖十方寶相渡佛橋寬觀音閣曠百尋之石室穿雲千座之金身列嶂亦復纓絡晶瑩髻珠瀅瀁何圖吳中鹿走洛下鵑啼千村霧卷列郡烟迷重重白馬處處鯨鯢帖

零丁而守苦臺髑髏而含悽及夫欃星消義幡指盧循熠孫恩死一炬搖紅千山爍紫火飛麋竺之家風煽張超之市極目淒其慘不忍視頹牆斷瓦昔雕堂也荒榛枯梗昔蘭芳也風蟬露蟪昔笙簧也鬼燐螢火昔銀缸也丹楓白荻昔華粧也飛鴛舞蝶昔羅裳也秋荼春藿昔膏粱也酸風苦雨昔椒漿也已焉哉昔日所無今日則有今日所呈昔日則否變幻靡常浮雲蒼狗觸景傷懷問天搔首吾不知過此以往其桑田滄海乎抑滄海復桑田乎又孰得而窮其後也

梁葆仁詳本傳

答夏滌庵水部書

旋里欲輒遣書窮山僻處苦無北便遂止頃手書至知駕已南旋此行京秩外授兩無着遽已圖南仁意未釋然及遇廣祓始悉朝考病蹇不得出然以觀今日之勢卽出亦無甚濟固不足惜來意懇摯深以志節自勵并欲策仁共勵志節足下可謂以自愛愛仁仁雖蹇劣何敢不勉但仁意以爲事功根學問學問根志節志節兩字原是上等人第一要領然或以自域亦只能與流俗人較長短而於學問事功終無所就譬猶人身志節是骨子學問是知能血脈筋節皮肉而事功者特其剛柔相輔而見諸運動者耳如骨子既立便不復衛以皮肉運以血脈轉以筋節主宰以知能則渾身槁木無論

旁人觸手卽生畏怯卽自家如何運動得轉故通融工夫是萬不可少但工夫下手斷宜視其後者而鞭之足下天資樸訥性情所近峭立孤泠居多斤斤志節非所後也魏氏謂明末人於君親無情原是皮厚無志節故然其間志節諸人亦只顧自家志節推到隱處未必眞與君親有情古來眞正與君親有情者自必雍容進退從一身本領上確求可計君親萬全然後敢一出以圖君親斷不悻悻然與天下爭諸聲色也仁嘗言明人義理多以血氣爭之故往往至於僨事試觀東林復社諸賢孰一可與圖甲申以後事者蓋志節激於義理義理之體正直而方全角四起分毫磨損不得全靠作事

者做得圓參得活相份還他一個正直而方的底子纔得與事功不礙任氣直爭則鋒鋩并露不缺則折矣陳龍川先生云浩然之氣百鍊之血氣也又云前往之途有曲有直有高有低自是直撞不得此氣鍊到浩然孟子以爲猶須善養然後可以加之卿相而無疑閣下之氣尚未着得鍊字故結而不化雄而不沈度量展拓不開步履便周折不轉卽觀論家庭之事且不免多執一是以直撞處執一是直撞安能委曲以歸至是天下事莫不然也仁生而執是直撞者亦二十年崚嶒壁立動與世忤幾於閉門過日與天下劃然兩處方可自爲比年來運數大艱世途日狹窮乏拂亂中到受得些動

忍操慮困衡徵發諸裨益猶以自懼然遇到關係之處仍然竪定脊骨以生死爭之特不敢一往直撞已耳足下之意甚以憂貧責仁丈夫憂貧誠足隱墜志節第足下亦只從憂貧上一直看去未一察及仁之苦衷曲折者仁家世清寒不着寸土昆季姊妹仰食者十數口先君子拮据一生負千金之累未及了向平之願而去人世而諸昆季又弱不自立仁讀書微有氣力又不引爲一身之任坐使先人負累地下老母在堂痛心於骨肉一家散離枯槁而一不動念是所謂一毫無情皮厚無點血者矣而仁又苦於義利辨晰喜自分明與世落落不堪趨逐而研田徑寸所獲幾何是以所貧益甚而

所憂滋深仁若肯稍自貶損便可不貧仁若肯一身自顧亦可不憂仁之戚戚實隱動於情之一往遂忘郤聖賢道中有憂貧之戒也掃除天下安事一室此等壯談自足下述之爲遠志若自仁之境出之則忍心矣仁意謂儒者已出之身君爲先凡君之所憂皆吾憂儒者未出之身親爲先凡親之所憂皆吾憂溫太眞絕裾而行縱令幹得出涵天蓋地的事業仁且決其非爲君來也仁之所深懼者前途終梗鄉黨素居又無賢師友相砥礪積久漸移不免有子孫田園之意雜起其間而致志遠大則又不敢不奉足下之言以時相警惕足下庶時有以警惕仁而不仁棄乎近來名山無人制作之士

雖進數百多不足道仁閱人雖多而所見如閣下者實僅近嘗以生不同鄉不獲時修切磋爲憾第足下所存在志節所任在事功而中間不通融學問終不免卽於賈生王道甫一流而痛哭太息率無爲君親福也足下自以爲何如耶生才難成才尤難仁不能不於足下有深望焉長言反覆語無倫次如有不當尚希見教是荷

民國七年

新昌農事調查

張載陽署耑

自叙

嘗謂太史公貨殖傳以農虞爲本工商爲輔謂農不出則乏食虞不出則財匱至哉其殆爲講實業之鼻祖歟余曩宰天台因察土宜桑茶竊師利導之意酌定獎章提倡栽種歷時未久不獲目覩成效引以爲憾涖新昌後見夫植物遍野山澤盡闢無曠土無游民農事發展已臻極點綜其一歲農產所入除五穀外若桑若蘭若茶若菸若朮及近年發明之礦物至二三百萬金之鉅故新雖巖邑而得以安俗樂業無饑饉之患者則農虞之力也斯六者新民衣於斯食於斯寄福利於斯余忝牧斯土顧可不知之歟閒爲分別調查旁稽譯籍考其利病得失手置一編與邑人士絜長較

短互相討論以冀一得之助非能因勢利導也適重修縣志成杭關監督沈季宣先生以爲歐戰既平東亞片隅將爲世界工商戰場非厲行實業政策助長原料不能爭衡此項調查有裨當世囑余附諸志後以資考鏡因述其緣起如此至其調查土宜習慣則賴邑人陳石民唐化成徐肇康諸君之助云

中華民國八年五月紹興金城自叙

新昌農事調查篇目

第一篇　蠶

蠶室
蠶具
蠶種
催青
收蟻
給桑
剉桑
除沙附分箔

新昌農事調查　篇目

眠起

空氣

上簇

採繭

防病

第二篇 桑

辨種

擇土

整地

採種

第三篇　菸

附薾行薾竈

種類

氣候

土質

輪作

採種

苗床

育秧

墾地

整畦
施肥
移植
管理
病蟲
採穫
乾製
品質
銷售

第四篇　茶

氣候
辨土
品種
選種
播種
移植
耕耘
施肥
管理
采擷

烘製

第五篇　朮

選種

播種

移植

朮烷

第六篇　礦

新昌農事調查　篇目

新昌農事調查

第一篇　蠶

自后縲氏教民以蠶迄今四千五百餘年我國蠶桑之利久且遠矣惟育蠶之術世少專書農家養蠶率循舊法本邑數十年來亦不免陳陳相因近始有三四蠶桑畢業生以東西洋新法傳播邑中農民頗能擇善而從余蒞任四年每歲督率家人育蠶數簹博訪利弊隨時試驗簿書餘閒賸葉除蘖覺有至樂茲就數年來之所得縷晰言之

蠶室

養蠶之室宜燥不宜潮宜潔不宜穢全境住家房屋大抵有一兩

間鋪地板且樓房居多養蠶尚屬相宜每屆蠶時先行打掃潔淨處門戶板壁之有病菌遺留也以石灰水洗滌之恐空氣中之有微生物體也以硫磺燒薰之迨育蠶之際但須調節溫度流通空氣天暖則開窗戶（有風宜避）天寒則熾炭火（以蠶吃葉不吃葉爲定如天氣稍冷蠶能吃葉不必用火如蠶不吃葉可置火盆但不可與蠶簾接近）闔邑皆然間有另建蠶室與藁葺（即草屋）者惟另建費甚鉅藁葺輕而易舉也

（甲）另建蠶室之式樣與方法　擇高燥地造朝東南向樓房（三間五間各隨其便）一丈五尺開間距地二三尺鋪地板（地板下有蒸氣宜於牆脚開數小洞以通空氣）板宜密合無縫樓板距地板八九尺中央留兩三尺之活板活板對上屋脊人字處裝小百葉窗遇鬱熱時俾便啟窗以

通空氣房間南北開窗惟窗戶有兩道外邊用光板以防雨打裏面用百葉窗廊簷寬五六尺屋之西側如連別室最好否則築高牆以避夕照（西晒易起蒸熱）房內舖板中間順南北線兩頭造兩火爐底與周圍宜用磚砌方二尺六寸深二尺面與地板平置板蓋及鐵格子蓋各一用火補溫時用鐵格子蓋一便通火氣一不礙人行動不用時則以板蓋閉火樓上作爲上簇等用（其實如此構造住家亦何常不可嗣後農家建造新屋務宜仿此庶幾一舉兩得）

(乙)藁葺之式樣與方法　先填高地基室高七八尺（自天花板至地）深丈五尺闊每間一丈二尺三間連之四圍皆以藁葺（用稻草蘆葦均可）南面兩側開四尺闊格子門以便出入中間距地四尺高開窗（闊與室等高兩尺）北

面兩側亦有戶與南面等東西兩面開三尺方窗洞以透光線屋頂人字脊處裝小百葉窗以通空氣屋頂下橫列竹竿上鋪篾簟可以捲舒以代天花板每室隔壁亦以藁爲之地鋪礱糠上覆草薦室之兩傍安置蠶架中央用二尺方火盆室外南面留三尺走廊與上項建築蠶室有同一之功用

注意　農家不另建蠶室及藁葺以尋常住室養蠶則天花板與氣窗爲必不可少如係泥地潮濕太重礱糠尤須厚鋪是爲至要

蠶具

蠶具如蠶架蠶匾蠶網桑篩桑篰桑砧桑刀乾濕表等均爲必要

蠶架以角形爲最便係木爲之蠶籠大小應就蠶架宜圓形以竹篾編之用時糊皮紙於蠶籠面蠶網爲除沙之要具以蔴結成方形與魚網結法不同蠶網之網繩先作十字形網目大小由蠶齡而異五齡時用者約爲寸許大桑篩爲篩桑之用至少須備四五種一分目一隻二分目一隻三分目一隻五分目一隻桑篩爲盛桑之具亦以篾編成透六洞式之圓篩桑砧爲切桑之板以堅木板爲之桑刀爲切桑之要宜薄而刃利須備大小兩種桑刀不可作他用切桑亦不可用他刀深恐油膩黏著桑葉致蠶受病桑砧亦宜愼乾濕表爲察寒暖燥濕之器係以兩個寒暑表聯成一用棉布圍裹其水銀球浸棉布之下端於水杯內常以此表之水銀柱之高低度數與不裹棉布者相比較則其所差之數卽天氣燥濕之明證也

附銷毒法　蠶室銷毒法上章已叙明用石灰水洗滌硫磺燒薰惟銷毒以前須將室內間隙處用厚皮紙黏塞而後著手蠶具銷毒之法宜擇天晴用沸水洗滌曝於日光待乾燥後再用石灰水洗滌一番仍行晒燥藏諸已經銷毒之蠶室內外國有福爾買令之銷毒藥水亦有效驗惟銷毒方法較繁耳

蠶種

蠶種之良否與蠶歲之豐歉絲質之精粗有密切關係新昌爲出產蠶種之地種名中圓行銷舊杭嘉湖三府屬與紹興蕭山及江蘇之蘇常江甯等處年約十四五萬元在製造者固須手術之精而購用者仍須愼加選擇新昌蠶戶於選擇鑒定之新法諳者尙

少惟數千年相傳之浴種法實含有選擇之作用茲節次言之

（甲）製種之法　育蠶成繭後採下剝去繭衣擇其色澤瑩潔形狀一律長短適宜厚薄均勻絲路緊緩得中觸之覺有潤澤者平鋪篇內不可重疊擺於空氣流通寒暖不侵（室須密閉防冷風侵入）乾濕得宜人少振動之處約距上山十八九日蛾卽發生當蛾發生之初必有一二頭苗蛾先出是晚可將毛紙剪縫覆於繭上翌日蛾出（大凡蛾出在上午四五時至九十時）能自行穿上紙面卽移置空篇中第移置時應取其形狀完全舉動活潑之蛾其鱗毛皆禿翅與蛾眉不全者則棄投水中將已成對者（卽雌雄相配）妥置他篇未成對者總置一處卽以篇蓋上以免蛾紛飛散室內再俟一二點鐘後又將成對者取出其未

成對者仍置如前不久自當成對至配對時間約七八小時受精已足（若雄不足可易他雄以腹脹爲度）卽用食指先在雌蛾尾部輕輕捺之則雌雄分離雄蛾隨卽棄之雌蛾置於籩內輕輕鏇動令其放溺然後移置規定之紙上使其產卵所產之卵卽爲蠶種（產卵七日內胚子未成不宜劇動其卵俟七日後可懸於淸潔室內勿令煙薰日照）

注意　產卵之法尚應改良蓋聚羣蛾於一紙及至產成每有空隙之處蛾力不能彌補於是恒藉黏汁如白芨之汁以調散落之卵用手指以塡補之又若卵數多白而不能轉色者亦間有用顏料以點染之專爲營業計置種毒於不顧實爲大劣點考日本蠶家製種產卵有框製平製兩法框製較

善法用堅硬紙長一尺二寸寬八寸表面再黏一層柔韌而白之紙爲產卵地紙之表面先劃五行第一行者番號年月日及製種者之姓名住所其餘四行每行劃作七格共計二十八格逐一記明號碼（此號碼準對蛾袋號碼）每一格用洋鐵圈一個置於其中圈高一寸上部直徑一寸下部直徑一寸四分俾蛾入其中不致逸出而產卵時期約自午後三時頃始至五六時最盛以後蛾之舉動沈寂產卵漸少迄八九時卽可殺蛾法將蛾袋（以紙黏成三角形中空如袋者二十八隻亦編號碼）號碼對準紙格號碼順次將蛾收拾袋中以備他日檢查病毒但裝袋之時務須十分注意否則一蛾錯誤全連不準矣各國蠶種均由國家設所檢

查蓋戳爲憑（劣種不蓋）否則不准出賣是以製種之人格外講究吾國欲求蠶業之發達則蠶種之檢驗必有實行之一日新昌出種之地寧可不亟亟改良非然者種子日漸退步不僅遺害蠶業即個人營業亦必遭失敗吾爲此懼不能不大聲疾呼冀父老之一垂聽焉

（乙）蠶種之鑒定　養蠶以選種爲第一要事種苟不良受累殊多新昌蠶種向不檢驗故鑒定法無人過問近始有一二蠶桑畢業學生仿照東西洋新法於購種時自行鑒定者分肉眼與用鏡兩法

（一）肉眼鑒定　此法須注意蠶卵之產附色澤形狀三事產附（卵生

於紙上日產附以排列整齊無疏散重疊者爲佳色澤以同一種類純一不雜者爲佳形狀以卵面中凹處無偏倚深淺之大差且卵粒無大小長短及畸形等之混雜者爲佳

(二)用鏡鑒定　此法將種紙上之卵以指摩落數十粒分置十乳鉢滴以清水用乳捧碾爛卵子滴其液於玻璃上覆蓋玻璃置於六百倍顯微鏡之載物臺上自鏡視之見有淡湖式橢圓形之小體卽微粒子病也若十鉢中有二鉢病毒者尚可留養設三鉢有毒卽棄其卵

按此項鑒定法外國名爲考卵法尚有一考蛾法卽鑒定框製種之法將蛾袋內所儲之蛾取出去其頭翅置乳鉢中每

缽僅置一蛾依照蛾袋分別編號仍照上法考驗何缽之蛾有病卽查對號數將紙上之卵挖去燒化之無毒者留養我國將來必有行框製之日故附記於此留爲父老考鏡之資

(丙)浴種與貯藏　法於冬月將蠶種沈浸滷水內經七晝夜取出再用清水漂淨使之陰乾待燥卽用新腐乳罎一個內放穀子二寸許厚將蠶種包好放入罎口用盤蓋之

按以滷浴種所以殺病卵而留無毒之卵焉我鄉尚有火試雪試兩法火試將蠶種置於竈上極熱之處烘之雪試置於雪中凡蠶種無病者不傷有病者不復出矣此實吾國數千年選擇蠶種之秘法惟就生理學言之經過滷與火雪恐不

免罨有損傷是以外國均用鑒定法也然外國亦有浴蠶之手續法擇天氣極寒時於早晨浸蠶種於淸水內越三四小時取出用軟毛刷（如排筆之類）隨水刷去卵面之汚物再用淸水漂過俟陰乾後收入貯藏箱內吾國將來如行鑒定法則浴種亦須仿此也

催靑

催靑者卽俗所謂⿰火委種也（四川曰抱蠶廣東曰湯蠶陝西曰煖蠶義同）節屆淸明自鏝取出蠶種裹以新棉使血氣壯旺者不分男女晝則懷在胸間夜則放在被面用所穿潔淨衣服覆之晨起仍置懷中苟天時過熱則胸間不可久置總以暖氣和平爲妙置胸數日卽便生蟻初出數十㓜

頭用鵝翎掃下棄勿用蟻出至二三成用燈草長四五寸者數十莖勻鋪紙上架空依舊摺疊鬆包仍懷胸間先出者餓一日無妨出至六七成後用鵝翎收下即爲烏毛蠶也

注意　人身催青之法究嫌溫度太高蠶種不免受損東西洋催青之法係用極小房子一間豫先消毒用火力使屋內溫度增至一定度數（即華氏表五十五六度）乃將蠶種移入其間平攤籚中按日加溫第二日至第七日每日增一度第八日至十四日加兩度至七十五度即達蟻蠶之時矣但此十四日中之溫度毋使驟升驟降以害胚胎之發育然濕度亦宜留意如室中乾濕表相差至九度十度以上則乾燥

太甚須於地板上噴水或置水壺於火上使發散蒸氣或掛濕席於側以補濕而助其發育也吾國稍考究蠶業者現俱仿行新昌業蠶比戶皆是最好一村之内會合催靑庶費省事美願父老急改良之

收蟻

蠶兒初生爲蟻俗名烏毛蠶由種紙而收下者謂之收蟻法先用籩一隻籩内舖白紙一張隨取蠶種紙將卵面向下距籩三四寸許使二人各持蠶種紙兩角以蠶筷輕敲紙背數下蟻蠶即悉落籩上若未落盡再用鵝翎掃下有掃之不能下者應即棄去掃下之後以淨手輕輕調勻散布上撒細碎礱糠以掩蠶身爲度糠面

給細葉少許（蟻一錢用葉五分）名曰呼出葉俟蠶盡出糠上再加以糠（蟻一錢用糠二合）用手仔細攪勻更給以三倍於蟻量之葉是卽收蟻之大要也

注意　土法收蟻有用桑葉去引者濕氣太重萬不穩當地方現雖漸悟其非仍恐蹈常習故尚望轉相勸戒

給桑

以葉喂蠶謂之給桑給桑之法大抵桑盡則給近來蠶桑畢業生回家始有審時期之當否與給桑量之多寡因列表於左以資考驗

蠶齡　一日給桑之回數

一齡　八回　午前四時七時十時　午後一時三時五時八時十二時

二齡　七回　午前四時八時十一時　午後二時五時八時十一時

三齡　六回　午前五時九時十二時　午後三時七時十一時

四齡　六回　午前五時九時十二時　午後三時七時十一時

五齡　五回　午前五時十時　午後二時六時十一時

蠶齡　給葉量（對蟻量一錢計算）

一齡　二十六兩四錢
二齡　六十二兩三錢
三齡　一百零一兩六錢
四齡　六百七十五兩
五齡　三千二百四十四兩
合計　四千二百零七兩六錢

上列係七十二度之平均溫度所給各齡之葉量也

每齡給葉回數及給桑量雖以上表爲憑然亦當依蠶之種類氣候之乾濕以爲加減若夫天氣乾燥蠶食旺盛所給桑葉皆食盡無餘𧉅沙亦乾蠶皆昂頭求食斯時則宜加給一回或增其葉量

天氣潤濕時則食葉不盡,轉沙冷濕,則當少給一回或減其分量。如乾濕合宜,務依上表爲要。總之,無論如何,均宜給與適當,散布平匀,使蠶兒發育齊一,爲給葉第一之目的也。

剉桑

剉桑之旨,在便於蠶食。蓋蠶之食葉,必於葉之周緣,以胸足抓住,始能就食。若穉蠶用全葉,則葉覆蠶上,無法就食,故必行剉桑之法。然剉之過小,則入蠶座(即蠶所佔之地位)之間隙(即兩蠶之間),或遭踐踏,易致冷濕及蒸熱之害,有礙蠶之衛生,引起各種疾病,亦非宜。最好除蟻蠶用細絲葉外,以蠶體之長短爲標準,如一分長蠶體剉一分方桑葉,蠶漸長,葉漸大(剉時葉柄均宜除去,務使大小畫一,則蠶亦勻齊)。至五齡盡用全葉,亦

可但將眠初起以及濕重之際蠶食不旺剉分當比蠶體減十分之二三故剉葉一事飼育者所當因時制宜也

除沙與分匾

除沙者（俗名起底）撤去蠶匾中之蠶糞殘葉以圖清潔也分匾者蠶身漸大一匾不能容須分兩匾（蠶身愈大分匾愈多）以免擁擠也法於蟻蠶給桑前用細礱糠散布蟻蠶身以掩體爲度迨給葉一二回後用鵝翎將蠶兒桑葉掃成一堆另換大匾（蟻蠶用小匾大匾即普通用匾）用手輕輕捧過散布全匾再行喂葉在此第一齡中蠶小糞少易於遺失祇能分匾不過將眠時除沙一次而已自第二齡至第四齡每齡除沙三次一起除即蠶眠後喂葉二次再行撤糠撤糠後喂葉二次除沙是

謂起除二一中除自起除後喂葉八九次又行撒糠撒糠後喂葉二次除沙是謂中除三眠除自旺食後仍行撒糠催眠催眠後喂葉一二次除沙是謂眠除各齡均同除沙一次必須添籚一次惟用糠除沙於眠除最須注意必俟蠶兒頭部膨漲碁大抬頭不甚吃葉方可撒糠至第五齡時但須籚底畧舖礱糠可用蠶網除沙法將網覆蠶上葉置網上給葉二三回後蠶俱到網上可以連網與蠶併移他籚每日一次或二次均可總之除沙分籚於蠶兒衛生有關宜勤勿怠蓋一則溫高穢厚易起蒸發溫低沙積必致冷濕一則蠶大擁擠不能舒展皆引起蠶病之原因也飼育者要當隨時體察耳

眠起

蠶兒各齡生長既達一定之度更不能發育其體軀於是脫舊皮以生新皮而更爲成長地步此脫皮準備中俗稱曰眠以其形似安臥而名之也當蠶之將眠也皮膚漸現淡黃色不食桑葉頭頻回旋而吐絲以纏尾部於蔟上至昂首靜止全體透明口部上現褐色之三角形即熟眠之徵也此際切忌攪動以順其生理即有未眠者須行引青法另移他簏於蠶架上層以使速眠其時溫度宜降至六十七八度過高眠蠶有難起之弊濕度亦宜兩球相差在五六度間過燥過濕均不相宜故此保護尤須周到經一周時許則蠶即脫皮而覓食矣惟此時給桑不可過早亦不可過遲過

早則起蠶之口器尙嫩消化機不強且有眠蠶將來發育必不齊一過遲則蠶經一番脫皮之厄而又饑餓必致困憊難堪宜見匾中多數蠶脫皮蠶口部皆呈黑色活潑運動於是給以稍嫩之葉是爲最當時期也

空氣作用

蠶兒依空氣以爲生活則必需新鮮空氣但蠶室以保持溫度之故密閉窗戶則空氣窒滯又以桑葉蠶糞之蒸氣炭火中之炭氣飼育者之呼吸等皆足以致室內空氣不潔有害蠶之衞生故在溫暖之際須時啟開窗（如南風則開北窗北風則開南窗）使空氣新陳代謝其在濕冷之候須開放窗戶焚燒刨花以助空氣之

交換自無沈鬱之患也

春蠶時氣溫尚低每降至華氏五六十度之間若非用人功補溫法必不適蠶兒之發育法卽於蠶室中離蠶架二三尺許地位裝置地爐或火缸焚燒炭火備華氏乾濕計二一掛室內蠶架之側一掛室外淸潔之所視外溫之升降以補助之大抵蠶之最適溫度在七十度左右惟內外相差不得過二十度倘外過低則內溫只得稍降不然炭氣太多有礙衞生惟不可降至六十八度以下如外溫已足或過高卽宜滅火或開通窗戶以使涼爽又溫度之在上層每比下層爲高故逐日於給桑時須上下交換其蠶箔卽有發育稍遲者可儘置上層則發育必能齊一矣

上簇

上簇俗名造山茲將造山之法與應行注意之事項分別列後

(甲)造山方法　蠶山有三種一曰倒釵山法以晚稻幹架於鐵鍘上鐵鍘須縛於長櫈上將稻幹衣梳清稻幹兩頭截斷留中間一尺六七尺寸長以十餘梗爲一股用兩股縛成十字形折爲三角形底面用簟或在樓板上均宜鋪滿稻幹衣將此三角釵置於其上形式靈空二曰洗箒山仍用晚稻幹去稻幹衣與截兩頭如上法中留一尺五六寸以二三十梗腰間緊束以草兩頭如洗箒形靈不及倒釵山而便則過之三曰纏箕釵以二三十梗晚稻幹分爲兩股一股居中先旋折作扁形再以一股旋折如前樣兩股叉

成如綆箕狀排成行列互相依扶雖不及倒釵之靈空實較洗簾爲稍勝以上二三兩山底面鋪草一如倒釵山也

注意　近有河南滎陽縣普利蠶業社新發明飛式蠶簇係竹木合製式樣與蠶籠畧同法以木作約長三尺五寸闊二尺五寸的方框另以竹篾螺繞作紐鼻中貫以絲竹縱嵌於框上使其滿面蓬鬆其間空隙每處可容一繭既可久用又免結同宮繭爻老盍一仿置之

(乙)遴選熟蠶　宜擇始行絕食胸部瑩澈尾端三環節尚未透明之蠶否則未熟者上山往往不能作繭太熟者絲量不免廢棄

(丙)簇上置蠶　置蠶山上時宜疏密得宜每蠶必使從容製繭毋

稍局促致多同宫之繭

（丁）簇室溫度　宜於繭基未成之前昇至八十度以上繭基既成之後漸降至七十五六度之間否則過高必害其呼吸過低吐絲力必弱

（戊）簇室空氣　在上山之初欲保溫度不得不行密閉若繭基成無甚大風不妨開放窗戶流通空氣發散水分

總之蠶已上簇婦女多不注意如上數者特舉其最要此外如簇室之内不宜偏明亦不宜振動偏明則繭有厚薄振動則止吐不做雖逾時復吐而絲頭已斷矣要在隨處留神

採繭

採繭時期雖視溫度高下而有早遲然最適宜者春繭在上簇後一星期夏秋蠶則在上簇後四五日也若過早則蛹未化成即化成而皮膚軟弱一受搖動未免礙其生理過遲則蠶之被蛆害者恐有出蛆之弊且採繭之時最宜留意不可任意拋擲及壓迫因爾時蛹體尚嫩恐致損傷以減繭色凡有同宮繭綿繭汚繭薄繭開孔繭等均宜類別別置一器庶製絲製種均能得佳良之結果矣

防病

蠶病一經發生無法救治然不能醫於既病之後尚可防於未病之先宜查蠶病之原因屏害蠶之桑葉行蠶體之衛生庶幾蠶得

免罹疾病也

（甲）蠶病之種類及其原因

一　微粒子病　微粒子病爲細小微生蟲之寄生奪取蠶體之養分能使蠶體日漸瘦小以至於死此病蠶於眠時或遲眠或眠而不起或脫皮至半身而止於四五眠時按新法蠶孵化至頭眠爲第一齡故自大眠開葉至上山爲第五齡故眠又曰齡　其體之兩旁及腹下生有不規之小黑點脚底現炭黑色爲感受此病之明證此病如人之癆病然遇天氣晴爽亦能上山作繭化蛾產子若遇陰雨連綿或天時劇變則不至於盡死不止此病大都由於母體之遺傳而來間亦有由於空氣中傳染者我國現在養蠶之地所有蠶種生微粒子病者

十占其九可不危哉

二軟化病　軟化病之種類甚多如空頭病縮小病吐瀉病以及其他一切之病死後而軟化諸病其發病之原因係由一種最細之黴菌寄生遇潮濕重而溫度高時其發育之速誠不可思議故蠶受此病有頃刻而斃者此病菌之由來大都有隔年存在於蠶室蠶具黴菌之傳染以及空氣之媒介故於上一年春蠶有發生空頭病者次年春蠶若遇天時晴明尚不致發病一遇天時不順則必發生與上一年同樣之病如是相延逐年皆然此老於養蠶家均能言之養蠶家有曰凡養蠶家於二三年間停止養蠶以後再行養蠶其收成必佳卽此理也

三硬化病　硬化病卽殭病有白殭病（俗名石灰蠶可入藥）黃殭病赤殭病綠殭病褐殭病等別因蠶之死後顏色不同而各異其名也其發病之原因其由有黴菌之寄生惟軟化病之細菌爲目力所不及見硬化病之黴菌目力已所能見卽如白殭病蠶屍體上所有白粉卽黴菌之種子雖强壯之蠶一染此白粉亦必發病而死死後硬化而生白粉末其初發原因與軟化病同蘇浙一帶發生此病之蠶於夏秋之蠶爲烈春蠶間亦有染此病惟不如軟化病之劇烈蓋因硬化病菌之發生較軟化病菌有略高之溫度也

四膿病　膿病發病之狀全身腫脹而成高節蠶病劇烈時其

皮膚破裂有膿水流出卽於蠶籩四週行走膿汁流盡軀體縮小而死凡養蠶之區莫不受此病之害其受病之原因由於微生蟲之寄生有極速之傳染性故爲害甚烈

五蠅蛆病　蠅蛆病由於麻蠅之產卵於蠶體以侵害蠶兒之生機若於蠶之四眠以前受病則於眠後不能脫皮而死四眠以後受病亦能上山作繭惟未至化蛾期而其蛆已先破繭而出矣大麻蠅於春蠶時尚少故受害亦輕至夏秋時大麻蠅所在多有則蠶之受害最烈

綜觀以上各病除蠅蛆外均爲微生蟲或黴菌之寄生有劇烈之傳染惟育蠶者宜就其致病之原因而施以預防也

(乙)害蟲之桑葉

一濕葉　蠶兒食之易生瀉病故雨中採葉必俟乾而後可喂

二熱葉　蠶兒食之則頭大腹結諸病百出故日中採葉或遠地來葉必須涼透而後可喂

三霑泥霑沙之葉　蠶兒食之病脹必洗淨候乾而後可喂

四霑穢霑油之葉　蠶兒食之必死宜屏棄

五大麥鴉片田之葉　蠶兒食之必瘟宜屏棄

(丙)蠶身之衛生　前所述育蠶之法均有關於蠶身之衛生其他如禁止吸烟及撤去房內便桶臭物并忌無玻璃罩洋燈又如除下沙蘔切勿堆在室內雖在深晚亦宜取出門外有蠶病死立卽

掩埋如遇前述各種病發生時宜將有病之蠶拾棄焚燒埋土以免傳染切勿對於病蠶而再希幾其萬一惟遇蠶靑亮或蠶嘴近偏在籚游行之蠶可用白糖水噴在葉上再用石灰粉包在紗布袋一手揑沙布一手輕輕撲之數次或能奏效然亦須將病蠶取出另籚也

第二篇　桑

尙書緯桑者箕心之精木蠶食葉爲文章可知育蠶必先植桑茲考其利畝地得栽二百株每株少計出葉六觔普通預約租價每觔得值二十文獲利二十四元若自己育蠶每觔可以四十文計算或遇售價昂貴時五六十文不等斷非他種農業可以爭衡新

民距今七八十年尙不知其利今則家喻戶曉桑林遍野培植之法精益求精余蒞治四年每逢春仲下鄉查勘烟苗均値栽桑時節隨處停輿與父老逐細研究詳確調查大要如下

辨種

桑之種類不一世所名者荆桑魯桑湖桑是也其實湖桑乃荆桑魯桑之變種蓋湖郡（卽舊湖州）桑樹當初均由荆桑接魯桑日久遂自成名耳新昌桑樹分靑桑湖桑兩種未接者稱靑桑俗又名草桑已接者則名湖桑靑桑多葚葉邊有鋸祇可飼三四眠之蠶湖桑無葚葉大而厚多津育蠶最爲合宜

擇土

栽桑之土宜肥不宜瘠宜鬆不宜結最適宜者爲砂質粘土而其方向須面南通風面西者次之北向而日光不能十分投射之處則非所宜若地勢卑濕應開溝洩水其爲砂土或重粘土者應行客土法（即將他處就理學上或化學上研究性質相異之土混入其中以改良之）或燒土法與深耕法施適當之肥料以圖改良余周歷全境以東鄉龍皇塘附近之土爲最合前後港與西北兩鄉沿溪一帶亦極相宜至若南鄉之烟山西鄉之盾山大抵重粘土居多行將施客土法燒土法以及深耕法逐漸改良使桑林有充分之養料耳東鄉山背有周某者因地土甚瘠乃用肥料以厚土宜用燒土深耕法以改土性栽桑數畝鬱然成林可見土地之肥磽視人功爲轉移也

整地

種桑之土宜燥不宜濕宜溫不宜寒或作高畦或作平畦須因地制宜平畦者一律平坦僅於四圍開溝高畦則兩傍起溝中央植桑二者皆隨氣候土質而定如粘土而雨水多之地宜作高畦以疏潮濕砂土而雨水少之地宜作平畦以資豬蓄最要者地必深耕使土質風化透徹表裏輕鬆則葉根得遂其滋蔓也

採種

樹桑必先備秧栽秧必先採種法宜初夏之際採集黑桑葚和以適量木灰加少量之水用手揑淘後再加多量之水十分洗滌去其皮肉及粘液僅留種子復浸於水去其浮實將沈實者取而陰

乾之隨卽播種倘欲至翌春播種者應將種子和灰盛棉布囊內懸於屋樑或和適量之乾燥細砂盛袋擇高燥處掘二尺深之穴埋藏之惟論發育則以當年播種爲良也

備考　對於種子詳細之調查如左

葚一升之重量　二十七兩內外

種子一升　約需葚三斗

種子一升之重量　二十四兩內外

種子一升之粒數　五十四萬內外

播種

(甲)選苗圃　地以砂質粘土爲最宜若全係粘性或極潮濕者不

特害種子之發芽力且發育不良父老告余普通選擇之標準如左

一日光十分投射者

二便於灌溉者

三乾濕適度者

四表土肥沃淺砂質而底土堅實者

(乙)播種之時期　種子雖春夏皆可播下然據歷來之經驗春播不但發芽力弱即發芽之生育亦甚不良若不得已必欲春播須預行秋耕庶經凍結以澎軟其土質夏播則發芽力强甚爲有利

(丙)播種之方法　播種一月以前耕耘圃地將腐熟堆肥多量鋤

入使土質肥沃及將播種細碎其土作三尺或四尺之高畦畦側以鋤打實再將稀薄之人糞尿注入其中或施腐熟之廐肥然後將採得種子每方寸播下四五粒薄覆以土用鍬輕打使多生鬚根以成優良苗種

(丁)播種後之修理　播種後若遇旱魃及霖雨大有害於發芽甚或全不發芽故苗圃上宜覆濡莚（藁草草薦之類）以不見土爲度遇乾燥之日朝夕須灌以水以防枯死天雨過久宜四週有排水法以防腐霉

培苗

發苗遲早雖由氣候而異大約十日可以萌發斯時宜去濡莚易

以低蓬防日光之直射與雨水之侵伐夜間宜捲去俾受露潤迨苗達二寸以上芟去弱苗均其疏密每方尺以苗十五本至二十本爲度然後勤除雜草頻施液肥至秋可長至二尺以上之苗木溫和之地宜俟翌春掘取若地方寒冷須於落葉後悉行掘起以四五十株爲一束假値（簇立地上根不覆土謂之假値）於屋內泥地上不觸日光不受雨水以備翌春移植或販賣之用是爲桑秧

備考　此項桑秧因雌雄異株風媒作合與異種花粉交配致變母性而爲野生俗名草桑祇可作爲砧木移植至拱把之大以魯桑湖桑接之

移植

（甲）移植之時期　上項桑秧宜於春季發芽前栽植最爲適宜亦有晚秋落葉栽植者溫和之地尚能發芽成長然遇冬季嚴寒終不免有凍害之憂

（乙）桑秧之選擇　四鄉農家購買桑秧時選擇甚嚴其審別良否以左列各項爲標準

一根之發育佳良者

一樹幹之生長完全者

一不罹蟲等害者

一無傷痕者

一無異狀者

（丙）桑秧之修理　桑秧之良否關係桑樹之發育父老告余下種時於秧根應行注意修理之要項如左

一削去損傷之部分

一適當剪去根之過長者

一除去根之過於密生者

一除去主根過大俗稱牛房根者

（丁）栽種之方法　先行耕鬆地土平勻園面每隔四尺以上六尺以下之處開穴（通常以五尺爲宜然因地土而有差肥地可畧密瘠地宜略疏平地可畧密山地宜略疏預備起娘接者可畧密預備抱娘接者宜略疏）穴之深淺因栽法而異（粘土宜淺砂土宜深起娘接者宜淺抱娘接者宜深）平均以一尺三四寸爲度穴底施堆肥荳餅木灰等肥料上覆表土將桑秧植入（植時

根須理直不可拳曲再覆細土以不見根部爲度後用脚踏實其周圍俾不動搖栽植告畢將苗木之上端南向斜切斷之但秋植者宜翌春發芽前行之否則恐寒枯至死

接桑

大凡果之一生者質小而味惡劣接之則質大而味美桑亦如是

接桑之效用在改良葉質增收桑量故宜先選接穗俗名桑插次選砧木即草桑接穗宜於春分前十日（亦有以年前冬月者）選湖桑魯桑之枝剪其完全無疵者密藏甕中迨桑將發芽時取出截去兩端取中央長三四寸中生三四芽者用之砧木須擇老幼適度皮層細潔者用之

(甲)接桑之區別　接桑有起娘接與抱娘接之別抱娘接又有接於地面與離地二三尺而接之分以余所見四鄉俱行抱娘接不移植桑圃起娘接反是且離地而接者多貼地而接者少蓋取其便捷也

(乙)接桑之方法　接桑有劈接與皮接各法考查已往之成績以皮接爲最便而易活法將砧木之皮用利刃劃人字形之裂縫預將接穗削成馬耳形之斜面長約七八分削之須平否則養液外洩不能生活插入之以接穗之斜面貼砧木之皮外塗接蠟或粘土貼縛稻草寬緊得宜迨穗接發芽擇其強者留一二芽餘皆除去同時於砧木上端之皮接合處上二寸許作輪環形挖去留其枝以爲接枝之保護則養液胥歸接穗而苗自旺及秋去其砧木之上端成爲一本良好之接桑也

耘耕

耘耕桑田不特爲芟除雜草計也改良土壤使桑樹增收養分之力然不辨其土性及時期適足以害之近來蠶桑畢業生考研適宜之法分爲四期

一在二月中其時桑將發芽只能淺耕表土除去雜草宿根并以搜滅害蟲

二在四五月中春葉採畢雜草易生然天氣漸熱恐旱時地溫劇變亦宜淺耕

三夏末秋初雜草易爲繁殖耕耘宜勤仍不宜深恐地溫驟昇土壤乾燥災及桑樹故根間宜培壅河泥以遮地溫

四秋末冬初植物休眠儘可深耕五六寸至七八寸令土觸接寒氣充分風化穴藏之害蟲因以凍死其功效最大

按鄉間農夫祇知雜草應除不辨何時宜淺何時宜深嗣後應互相傳說格外注意

剪枝

桑樹新發之枝不皆條達暢茂必有旁枝小枝枝多則力分枝小則葉劣又其枝必有太密太疏之處密則雨後鬱蒸易生蟲蟻故剪枝之法農家甚爲注意大抵採葉後逐株審視先去旁枝小枝再看太密處則雖大枝亦宜酌刪總以疏密得宜爲妙其留養式樣名目頗多最合用者莫如四年級之八拳式法將初年移植之

桑至次年春分前每枝截留八九寸發芽後選留强壯而位置適宜者二芽（預計成枝後各枝不相接觸）至秋成爲六枝第三年春分前將各枝截留七八寸（六枝中剪其孱弱者）選留二芽至秋約成十枝選較健者八九枝去其孱弱至四年春每枝截留六七寸發芽後留其離切口二寸處之芽餘悉摘去以後逐年從此切處剪之卽成三尺八九寸之八拳桑惟每年留芽時間爲經濟計宜在立夏節行之爲枝幹計不如芽綻時預留之爲得也

摘桑

桑既成林則逐年採摘尤須分别次序蠶當一齡（俗稱頭眠）時須採其分枝自下而上之第一二葉二齡（俗稱二眠）時採其第二三葉三齡（俗稱

三眠時採其第三四葉四齡俗稱𤸎時採其第四五葉五齡俗稱出火則剪其全枝逐日採葉之時期以早晚爲最適

施肥

施用肥料必先辨土壤之性質肥料之種類桑樹之時期而酌量行之砂土儲畜力弱宜用乾肥若用液肥宜量少而回數多粘土儲畜力强不妨施用多量俾其儲畜徐行分解以供桑樹吸收之用且施用液肥須耕耘後行之以淺爲主若乾肥則宜深埋初栽之桑用肥宜薄而回數宜增逾月一澆二糞八水以次遞加成林之桑年約三次

一春季發芽前

二夏季葉採後

三冬季霜降後以乾肥

除害

(甲)災害　天災地變來也忽如防禦之法甚屬困難茲就歷來可以預測而預防者言之

一暴風須循風來之方向預植常綠木（松樹等類）以殺其勢

一面尤宜於春葉採後施足肥料以固樹勢

二洪水有水害地方桑宜高刈栽法（拳桑離地約五六尺者曰高刈）或喬木栽法

上方編立竹籬株間栽淺根植物（茶樹之類）以保表土之衝刷

三桑雪冰凍桑遇嚴寒極易受害須於落葉後用稻草圍裹樹

身幹旁用竹或木支持桑枝以防挫折

（乙）病害　桑樹之病種類甚多大抵由土地陰濕空氣鬱滯及採摘失時所致茲就歷來最習見者述其病狀及除法

一根部發生之病如紋羽病（離根三四寸之幹必有白色或褐色之棉狀物包裹）根腐病（俗曰黴根）（其根必有白色之棉狀物附着）等將其樹掘去根之周圍尤當掘三四尺深之溝盡將其細根與泥土焚化閒置其地或栽五穀（能不受此病菌）數年後再行種桑

二枝幹發生之病如枯枝病（枝上現黑色之塊粒）膏藥病（老樹最多桑皮上附着黑色之大斑點者）等須於枝幹面削去患處之皮以焚化之或以石油醋酸灰汁石灰等汁擦其患處以驅除之

三萃葉發生之病如赤澁病金黃斑點始於葉柄漸至全葉白澁病葉底發白色之斑點漸變黃白及黑褐此葉不能飼蠶等須將受病之枝截去焚化以防傳染

四採摘過度而發生之病如萎縮病初則葉端鈍圓短縮葉形漸致瘦小繼則葉不發達漸變黃色而根毛幼根遂漸枯萎爲病害中之甚可恐者其預防挽救之策宜從生理上著手父老告余應行注意之事項如下(子)選擇適當土地(丑)栽植強健桑種(寅)嚴禁濫伐亂採(卯)十分勤力耕除(辰)慎用速效肥料及施肥過量(巳)不從此病發生之地方購入苗木

(丙)虫害　虫之害桑甚於病除之之法尤宜勤茲就歷來普通易發生之病據農家研究防除之法分條述之

一雜草不使滋生蓋雜草不特掠奪土之養分且爲害虫棲息蔓延之媒介故桑園之周圍常使清潔爲要

二桑樹不宜過密恐風光不能透澈且便於害虫之繁殖及棲息

三蝶蛾類及半翅類（椿象田鼈）等於夜間點誘蛾燈（以水盛面盆內注石油少許上置耐風洋油燈蛾見光而投入）以誘殺之或於早晨用捕虫網以捕殺之

四綿虫介殼虫臘虫粉虫等密着枝幹吸收樹液者宜用石油乳劑（製法以石油一升肥皂一兩二錢乃至一兩八錢清水五合善攪拌之至呈濃厚白泡乳狀是爲石油之原液至使用時和五倍乃至三十倍之水以稀釋之）塗樹幹或用噴霧器撒布亦可

五葉捲虫發生在養蠶期後撒布石油乳劑如在落葉後則集

葉而焚化之

六天牛 褐色有硬翅頭端有長觸鬚口如剪俗名鋸樹郎是也 乃害虫中最很者其幼虫形像與蠶相似在樹本內吃樹約有四五年始行攢出能將樹幹吃丈餘以上之孔其害可知防之不能不慎除之不能不嚴

(天)除卵之法桑樹上天牛與他種樹上不同均係春天方向下攢最好冬初葉落時候看上年所生嫩枝上面近椏處有咬爛形象色比枝皮較黑下截有樹汁流過生霉之狀者卵子必產在內可用小刀將枝稍稍劃開內有如蛆透明之虫約二分長者便是間或有凍死者如在陰歷七八月內卵子尚未變虫同米粒一斑應即將其枝剪去

(地)除幼虫法卵子

如未淨必生幼虫將樹攢成虫孔向樹外開一小孔糞從孔出極易察覺如係小枝可即剪去設在不便剪去地位宜用極細銅絲（不可用鐵絲既硬而有易生銹）作魚鈎樣再用刀將虫孔開大用鈎從容鈎取必能鈎出（八）除成虫法成虫以後之天牛約有三種最大身長二寸皆黑色有大白斑肚灰白色中等身長一寸五分周身黑黃色小者身長一寸周身黑色有小黃斑大約小暑節前後一月內出現每日黎明將樹握住陡然搖三四下如有天牛必然掉下惟小者善飛宜結網以捕之霉雨初晴聚集尤衆惟日上三竿則必躲藏不易搜尋也

注意　搜索幼虫之法尚有用烟汁或桐油灌在虫孔內者

用火藥線放在孔內燒著以臭烟熏之者用芫花及百部葉或莽草末與杉木釘子塞虫孔者後一層恐難滅前二層於樹身不無稍礙然不得已而行之亦未爲不可耳至於害虫多數發生時必一村或相近桑園共同驅除也

貯藏

蠶當一眠時所採之葉俱係軟薄之葉法用適當之瓦缸缸底用竹襯將葉放入不可壓實以膨鬆爲宜不可太滿以八分爲度缸面用蓋蓋好蓋留小孔以通空氣置於陰寒地方切忌陽光射着每取葉一次即抖鬆一次以免發熱乾燥之害至二三眠時其葉稍大只可將葉散於竹連之上熱散後即堆成寬二尺許高一尺

五六寸之直行堆時宜鬆泛每經過四五時須翻鬆一回至於貯大葉之方法或預備降雨預備二三日之食料法分束貯筐貯兩種束貯者將採入長條之葉先理齊枝條鬆鬆結成一束直立水分易於散倒立葉質易損傷不如從室隅設置淸潔竹連將葉條倒立以汚損先將直立之葉飼蠶後用倒立之葉可也筐貯者須備適宜竹筐置在層疊之木架以葉盛筐中不使過厚不至發熱

附繭行繭竈

孟子曰五畝之宅樹廧下以桑五十者可以衣帛矣吾國數千年來官廳提倡蠶桑宗旨殆不外是海禁開後繭爲出口原料品之一今則工商業競爭日劇談國計者罔不曰助長原料品

而推廣蠶桑之議紛起雖然不有繭行以爲收買機關仍難期其發達余曩在天台任內勸地方士紳講求蠶桑前年曾以繭運新託余代售長途挑運繭質稍變本邑繭行論情與優繭一體償値台民因知利厚余本年便道往台見城鄉育蠶者漸衆惟以無繭行收買均不敢多育可知繭行與蠶桑有連帶關係矣新昌現有繭行城鄉共十七家均係合股開設賃屋設竈招客收繭茲調查其要如左

一資本　開行以設竈爲重設大竈十乘需洋一千元竈屋每年需洋二十元大小繭篰需洋三十元再加屋賃及換領帖稅三百元大約須集股洋一千八百元方足運用

二賃屋　開行之屋須擇樓房以攤乾繭須有空基以設繭竈與屋主立約訂定年限

三招客　每遇繭市招客收繭有包定租竈與抄莊出佣兩法租竈者按竈給租一切聽客自便出佣者訂定佣錢收數行主須從優供應

四烘繭　每竈上設四五格以置鮮繭鏤係倒覆使火焰不上升下用猛火即以鏤身所受火氣冲上以收繭濕約經一晝夜可以烘成乾繭

第三篇　菸

吾國古無菸之植物自明時征滇深入瘴地軍中皆病獨有一營

服菸得免由是傳播通國其氣入口頃刻周身醒能使醉醉能使醒當時名爲相思草此爲菸入吾國之始考其種之所自當哥倫布在美洲托拔苦島登岸時已見土人捲生菸而吸故西人以托拔苦名菸呂宋國有草名淡巴菰者卽屬菸也該兩處殆爲菸之原產地耶本邑父老傳說前清雍乾之際有閩人僑此攜種栽之民間仿效年盛一年今則每歲產額達百萬圓出貨頗爲海上各紙烟公司所歡迎究其致此之由固由地土相宜氣候適應然其農作製調之法亦自有足多者西鄉陳石民君畢業農校勤加查察以余留心農事攜其記册見示余讀之覺數年來調查所未盡者陳君已一一言之故爲參酌縷陳於後

種類

菸草種類極繁有葉圓如卵形或長如披針形者因以葉狀物而名之也有花呈黃色或絲色或白色或黃色者因以花之色而名之也有因土宜或栽培之不同而其種類亦有異變之狀焉查各國近時分類之法槪以花之形狀與色彩爲主約分三種

一尋常種花冠之形一如漏斗色淡紅而其花瓣甚鋭歐美人多植之

二黃花種花冠如圓筒狀色黃而微綠其花瓣之尖端不甚鋭利歐洲南部亞洲西部及阿非利加洲多植之

三白花種其花冠形狀與黃花種相類而稍長獨花色呈白間

有帶紅色者亦產於歐美

此係世界菸草之大別也至於本邑多以形狀或產地命名茲別其種類如左

一大幹榔種　幹葉俱強大葉距甚密摘心摘芽皆宜較早花色紅如桃花而濃於他之種類實少而粗大枝葉不繁葉之色雖極茂時亦不現暗綠

二小幹榔種　此種與前者相彷彿惟枝幹葉形皆較小耳

三枇杷種　葉形長大而微尖如枇杷葉狀故名

四細幹梧種　幹頗纖細葉圓小如梧因稱焉

五東路種　此實細幹梧之一種葉葉相距甚疎幹易長發上

下形狀幾乎大小相同其取名也原係本邑西區東路一鄉多爲種植而他處移種者遂因以命名焉近時該鄉人民亦莫之自辨矣

上之五種花皆紅色此殆屬於世界菸草之第一類耶其中以枇杷種爲最良葉大且緻光澤亦佳惜乎嫌地過甚非間十餘年之久則不能再種種之必死故近來多以細幹㮶種或東路種代之因此二種尚堪同地近作故也

氣候

菸草本熱帶植物故其生性最喜高溫閩粵兩省氣候溫暖是以所產之菸品質佳良世所稱廣福烟是也蓋菸草之良否全視其

所含之芳香物多少爲準而芳香物之生成又全賴溫度增高日光强烈與有適宜之雨量者也故當其生育之際日少溫低則成熟不易而風味亦減雨濕過多則質弱味淡罹疾又易均非所宜雖然溫暖高燥固菸本性而乾燥過甚亦有不合旱年菸草每不易燃即其明證要之以日光强而久雨量少而適則葉片緻厚芳香醲郁矣是以時雨不如雷雨之益蓋雷雨收放俱速不久又可得日光之照射溫度之增高也又若氣候劇變風度强猛以其葉面闊大而易破裂根莖單薄而易摧出故風亦以微少爲貴也

土質

菸草任種何地皆能生育然欲得佳良之品質自非土性合宜不

可最上者爲砂質壤土微含有機物質而有排水靈便之處俗稱帶砂冷黃泥格是也其所產菸草葉片緻密厚重芳香鮮美又表土紅如硃砂名曰紅硃砂泥者亦然次之則爲白砂壤土表砂色白則所產菸葉色淡黃而氣味甘蜜下之黑砂產葉色紅褐氣味臭烈顧其多含有機物質發育則甚易耳此外如重黏土恒不易燃輕鬆土質色惡劣此皆土色之最下而極不相宜者也總之植菸之土質成分以三大要素論之富加里而微含窒素燐酸者爲上富於石灰質者次之至含鹽化物質者斷非所宜蓋鹽化物質能制菸葉之難於乾燥而易還潮也石灰質亦有使菸葉粗硬不柔潤之弊惟加里質既能適菸生育又能使葉易燃而且色澤鮮

美故施肥必須較豐以補地力之不足其攝取也（草木灰類富加里質）惟土質成分非輕非析斷難詳確大約色白而黏者必富石灰質色黑而黏者必多鹽化物質農家準此審擇當無大誤

輪作

他處植菸草之地多有連年種作者惟本邑絕鮮見之據稱連作易受瘟病（卽學名上所謂立枯病）而虫害如蝕葉之菸虫嚼根之切根虫吮液之蚱蜢等亦較甚云故必將其地間至七八年以上始行再種夷攷其故則因他處種之於地地易管理故可時補其不足之養分搜殺其爲害之虫類本邑種之於山山多粗放不易時加工作卽肥料過施亦且有流失之患是以本邑植烟家每

將久年之森林伐去以作植菸之地卽俗所謂生地也近有美國農學家新創學說以數種植物之不能連作同地者因此數種植物能遺留一種自害之毒質於土中使後來同類植物不復能再生故必須經過數年俟其毒質被水或氣消釋遺散後方可再種詎以本邑輪作情形實相吻合查本邑菸草採穫後去其殘株重行開整初冬種豌豆翌年夏收亦有以粟或蕎麥爲菸後豆前之間作物者舊歷六七月種九十月收其時不更施肥亦能豐產蓋地中尚有前作之殘肥故僅除草一次足矣種豌豆後地腴者尚可種玉蜀黍或蔬菜等他皆扦植甘薯而已次年繩之凡及三年栽培林木約經七八年則又伐木種菸美國農學家新創之學說

本邑老農早已於數十年前發明行至於今爲可奇矣

注意　查菸地必須相間七八年殊覺過長今欲縮短其年限宜選擇輪作之種類加施需要之肥料淸理栽植之土地而後可輪作種類如菽荳根有根瘤富蓄窒素種植後殘遺於地能使菸草色劣且不易引火而有發生臭烈之弊惟蕓臺麥類玉蜀黍等吸收加里質最爲稀少粟與蕎麥芋與甘藷亦不甚多以之爲前後輪作自屬相宜至菸草適肥以加利爲最能多施加里肥料配合其他成分則肥料自足對於土地能於種植各物之後將殘株餘根除理淸淨則蟲害無自而生依此辦法或當可省除植林兩三年一輪作父老盍

試之

採種

菸草之種務須擇其莖葉繁茂姿勢强整無偏弱之病患有品種之特徵者留爲採種之用不摘其葉支扶菸莖以防風災而固根本摘除下葉以集養分而歸要點使其根莖得遂天然之發育而自根土所吸取之養分又能全行上輸故得放美妙之花朶結豐滿之種實及其實蒴已呈黑色大抵在降霜前恐其罹於霜害由是貼根連莖刈（若中途現病者仍棄之勿穫）懸於軒下通風處俾其次第踐老熟之作用所以連株刈穫懸諸軒下者雖無源源可濟其養液而莖中殘餘養分尚能時送於種實以補充之是又

可謂之后熟作用也一至冬閑即可採碎其蒴粒粒種子於此躍出矣其種黑褐而細爲作物種中之最微小者有謂一蒴含種子平均二萬七千餘粒云鄉人每稱此爲大葉細種良不爲誤如能拾諸紙囊中置於空氣流通之處以俟及時取種最爲相宜其次則於菸種連株刈入時浸水一夜懸於乾燥處待時取用亦可第本邑舊法僅將種株懸至及時採出取種而已裝囊浸水之手續固未及行焉至若鑑别種子之良否則可取數粒投於灼熱之鐵板上其爆發者必完熟良種也據云菸種之生活力能保十年至十五年間尚可播種發芽惟其勢力不如前之强盛而率數又當減耳

苗牀

菸之種實極小非特播種不易卽發芽後亦覺纖弱難堪苟任其露天生長不與相當之保護則不能良美發育且其播種恒在晚冬天然溫度常嫌不足是以有苗床播種之法焉本邑苗床極爲簡易卽先擇休閑之生田作成長方形之畦淺墾可二寸細碎表土混以焦泥灰耙平整理上用板鎭壓之且作畦緣高出畦面一寸蓋防所施肥料之溢流也嗣後勻布焦灰於畦面焦灰者卽燒時不和泥土而與焦泥灰微有區別也更用人糞尿勻澆之澆時手術須穩愼始無過與不及之弊而凹凸亦不至激成矣

注意　查外國苗床計有二式一地床與本邑相類第較精

究耳溫暖之地用之一揚床法較詳密用於寒地者也試俱述之以供考鑑焉

(一)地床及其育苗法　自晚秋早稻刈後將其田耕耡數次起土作畦高七八寸寬三尺餘長短隨人自定其最要者務將畦土碎之極細乾燥數日積枯草塵埃燒之使其與土相混又施人糞尿調拌均勻及時以種粒與細沙相混勻播之上覆細土或腐熟雞糞少許用物鎮壓平定復蓋以藁藁宜厚不薄厚則溫暖溫暖則發芽速且時需灌水水在陽光下取之較爲溫和則其催促發芽之功尤見顯著也一俟種子萌芽取去其藁使曝於日如遇夜間或降霜之際仍以草藁

覆之以賫保衞及長二寸除草删苗約每苗相距八分爲度更以細碎之馬糞撒布其上如能再施油粕粉末尤爲良好如此待時移植可矣

(二)揚床及其育苗法　擇日光透射之所劃地一區東西長而南北狹並留東南或正南一方使其觸受陽光蓋即古人所謂向陽花木易回春之意也其他三面槪用六尺餘長之草扇圍之以防朔風之侵襲橫寬四尺長隨意至此掘起表土半尺左右務使平整又其四圍每距六尺豎一木杭高尺許杭與杭之間俱各橫裝竹竿二道竹竿上則密繫稻藁之尾端使其莖稈直垂於地而以泥土壓覆之於是全床外側

居然作成矣嗣乃於其地內實布枯草落葉等用足踏緊更施堆肥覆以稻藁然後鋪上耕土耕土上又鋪細泥細泥以富含有機成分之肥沃者爲宜且用篩篩下間數日更施腐熟堆肥灌注人糞尿又數日以充分醱酵之豆粕油餅與木灰相混施入用耙耙之令與表土調混極勻至以上各種肥量可臨時酌定之至此卽可播種矣播種時種子混和米糠或木灰少許旣便播施又可作肥法莫善焉旋用物稍加鎮壓噴之以水薄蓋藁稈令其發芽可也床面上橫加木杭覆以茅扇用繩張之始不爲風所飄散周圍亦皆用草扇重層密裹設使床面過乾則於暖日以天然溫水噴之但不應太

溼耳照此以行發芽甚速當其初時薄蓋藁草天晴溫高之時即可去其上部覆物令受陽光至其餘時間仍用原物蓋之以防氣候之劇變而妨害其生育也及其漸大抵抗外界之本能日强一日覆物亦可次第減薄終且逕行除去惟其時須作間拔數次即删去繁苗使其目的物適性發育之意也大約以苗與苗不相接觸爲度此即揚床構造及其育苗之法也其他亦有育苗於玻璃溫床中者發芽更速尤稱利便但玻璃溫床設備不易而事又難普及因不贅述焉

育秧

菸秧育法地床與揚床兩式已如上附述之矣茲特記本邑之所

通行者其法亦未可盡非焉參以新理不難成完美之育秧法也即於臘月中旬將前所貯之結實枝條採出子實如欲選擇良種亦可仿照新法用鹽調水之鹽水以選取之蓋鹽水能令物之重實者下沈而輕劣者上浮故東西各國之農家常用以選取重實之良種子也惟其所當注意者菸種細小鹽水不宜過濃耳否則種將悉數上浮無自選擇矣種既選定乃可混和砂泥或草灰糠粃之類增其容積調拌極勻始得均播於已設備之苗床上其表面蓋以薄層塵砂如能取用腐熟雞肥以覆被之更爲相得初萌芽質性柔弱須防霜雪雨雹之患故恒取新鮮附葉之杉梢或竹枝以覆護之迄翌年初春葉片漸大抵抗力亦漸粗強故可取去

覆物此後間拔雜草删除弱苗時澆日下之溫水以濟其需要稀薄之糞尿以助其生長而已

墾地

凡種菸之本地必須寬廣或山地或坦野均可惟其性喜高燥洩水宜靈坦野固不如山地之爲美也本邑山峯連續坵陵起伏著名菸葉皆產於山茲特詳述山地之開墾其他坦野亦自可仿行耳植菸家每至秋冬之交共同結合租定一大山地照股分割拈鬮爲定及至冬春農閑時間山地如有林木先行伐去其開墾法自下而上若遇傾斜過度則按山地之形勢集聚山中亂石砌成階段不使土砂之下流墾山器具用扁雙齒鋤即二扁形齒之鋤

也堅實厚重柄亦硬木柄齒之間角度頗小此器開掘利便工程迅速專用於山地之開墾者也及全山墾畢乃用四齒鐵搭背破土塊隨時抓出草根散諸地表令其速就乾枯旋有耙集諺所謂打草筋是也要之菸地無論山野皆須深墾精碎否則所產之菸葉片小而香氣亦淡矣

整畦

山地初次開墾土塊甚大故必須一再細碎之以適菸根之發育及至菸苗漸長重行開整主在鬆土壤作畦形鑿株孔且於其時造成畦溝溝之寬通常三尺至五尺不等其長短則隨地之形勢而無一定均須臨時規劃然遇磽薄之地畦幅稍狹肥沃者則宜

較寬於土質施肥俱有關係後乃鑿孔於畦上橫可兩株深約三寸爲宜

施肥

肥料者補地力之不足於植物之攝取者也植物之攝取肥料各有不同而菸草之所最喜者厥惟加里成分蓋肥料成分大要可分三類一窒素人糞尿中多含有之一燐酸動物骨骼中富有此物一加里草木灰蓄之最豐此即所謂肥料三大要素也其他尚有多少成分植物需之不急地中供之有餘故世之施肥恒以三者爲主因植物嗜好之不同而與以適當之配合也菸草極喜加里質故以富含加里成分之草木灰豐施爲最宜其所以然者因

加里之爲物能使菸草易燃風味芬郁第當漸次緩施否則一時過多有妨菸草之生育應注意焉次之則爲窒素菸草若缺此肥生育必難完美惟不宜過多耳過多卽有使菸草不易燃燒而發生臭烈之氣葉色呈暗綠大非合當又腐植質亦屬生育之要素故當與人糞尿酌量施與也本邑植菸家關於施肥一項頗爲詳盡每趁墾地之後樵取柴草肩之本地向日晒乾按菸地之段落支配其寬狹而點定灰堆基之數位擇晴日將灰柴填底灰柴者卽所樵採而得之柴草也疊青松枝於其上又覆以前所耙集晒乾之草筋壓蓋泥土然後於其下燃之任其焚灼俗稱煤菸灰滿山騰烟直冲霄漢計其時當在晚春間也此後巡至整畦完畢之

時於其每孔中先施搗末之菜餅其量每孔可三四兩用拇指及食指撮施之繼注淡薄之人糞尿更施垃圾塵埃等其量概無一定均可察其地土之肥瘠以增損之終乃蓋以前所灼成之焦泥灰大都以多施爲良惟其所當注意者施肥灰中不可混有菸根莖葉等所燒之物否則菸草將行立斃蓋其性忌同類之引爲己利亦一奇點此卽本邑植菸家之施與原肥法也其設計與配合之種種洵有足多者

移植

立夏左右苗已長成時趁微雨或陰晴之日噴水於苗床面上使其床土充分潤濕旋可選拔强健之菸苗庶不致損及根株矣拔

時宜少附根旁之宿土穩愼取運不令脫落當朝晚無日之際移至前所預備之本地内按孔栽植用兩手互壓其旁務令其根土鬆實得宜且不應過深而必使根之易於伸舒爲妙諺謂深耕淺植良非虛語又當徧植孔口避却肥料之切貼根株蓋恐蒙其過烈之害也

管理

菸草移植於本地初時根性甚弱遇氣候乾旱必須灌施水液卽諺所謂種點水所以維持其生命防止其枯萎也及其漸長芟除行間之草培護根旁之土務須勤肯不懈爲要惟迨枝葉繁碩之時不應再芟恐損及根株而妨其成熟也本邑除草一次卽足蓋

山地磽碻雜草不如坦野之易生故也惟植菸家於移植後不再施肥余以爲菸草黄小如嫌肥料不足而艱於發育者不妨加施補肥如人糞尿等之速效肥料以攙補之但慎勿沾汚葉上耳他若捕獲菸虫摘除芽蘖亦皆管理之要事也菸虫與捕除法述之下節至於摘除芽蘖其用意在使株中養分集注於主要各葉以遂其美滿之發育也卽當葉片生成十二三枚時摘去菸頂新嫩之心芽不使再行伸長徒耗養分俗稱打菸腦又有所謂抉菸椏枝者是卽葉間之液芽亦須勤爲搔去也

病虫

菸草病害最易發生而最可駭懼者莫甚於立枯病原於病菌之

作用初時葉呈黄褐色凋萎下垂莖幹之色變爲黑褐無何卽枯死矣凡多施窒素肥質或連作一地及移植過遲者其病尤甚茲有三法可以防除之述之如左

一選取强健之苗從早移植

二肥料須多施草木灰與油粕塵埃等而糞水不可過多

三被害菸草卽時拔除燒去以免病菌之逸散傳染

至於虫害則有嚼根之切根虫吮液之蚜虫而尤著名者爲菸虫與豌豆虫豌豆本邑俗呼蠶豆因稱此爲蠶豆虫實則豌豆虫也據老於是業者云菸虫確係一種毛脚大蠅所產初時爲咀體細長而頭微黑漸次長大體色青綠酷肖菸葉是卽進化論之所謂

保護色見者莫辨焉長爲幼虫形態匿於莖中或葉下專工穿花刺繡之生涯蠶食葉面爲害誠非輕淺至老則黃死不能化成虫是其爲不完全變態也明矣又豌豆虫係附近豌豆地所遷殖或初年植豌豆而遺留種卵者其虫食菸恒在夜間較菸虫尤爲利害除之又甚難故菸地附近如係同主之地決不種豌豆或地之本年預定植菸者早年亦然若當菸草初植之時能得幾度西風亦可滅殺其繁殖是以農家之對於西風恒謂有殺虫之效不特僅此而已蓋西風發自大陸原質乾燥且含毒性菌子遇之卽難生育斯誠所謂天然之驅除法也若夫人工驅除通常用手檢殺之而已然自吾推之以爲可利用食餌引誘鳥類使其飛集而啄

食之此法既簡且美未知可得實行否也

採穫

菸草自移植後漸次長大及其成熟葉色淡黃而葉面所附之葉毛脱去葉端微向下垂折之發大聲而斷是即採穫之適期過此則葉質老脆而香色俱減收量亦少矣反之若於未熟而穫則葉至乾燥亦呈暗緑色且引火不易吸時亦覺臭烈不堪故欲品量俱高務須適期採穫也大約自移植後歴二三月當大小暑之間察其適度成熟預料天氣晴暖之日即於清晨至菸地先採下二三片脚葉俗稱脚菸色焦黄而品質最劣經三五日採其中葉二三枚即俗稱二批菸品質次之又五六日採三四枚曰中盤菸莖

之長大者則更有所謂頂腦盤質最良僅一二枚不易多得此後卽將附有葉片之菸稍並折取之可也但當成熟之期霪雨連綿不得乾晒此誠可虞人力僅能順天延長而已此卽所謂農業多受制於天然者也雖然舊習固屬爾爾苟能仿照新法則亦未始不可乾燥參照下節乾製諸法酌行之可矣又據本邑老農稱說現在人衆植繁山地不數年卽種實嫌太熟故採穫不能久延卽有過熟而枯之弊非復前此之能耐久長云云

乾製

菸葉收穫後必須有乾製之手續乾製者乾燥之調製也其旨在去水分使醱酵其法名簾乾卽將採入之菸葉枚列於竹簾之上

上下二張夾持合爲一幅就空地向陽攤晒是也先言製簾之法以四行細篾横編狹薄竹片十二條而成直長六尺幅寬二尺餘每竹片相離各二寸弱每幅菸簾附有竹鎗四條俗稱菸簾鎗亦竹製細圓而長强於菸簾之横寬至菸葉採入後先以一簾置地舖葉其上既滿再覆一簾用菸簾鎗分四叚横串聯成一幅亦有作三叚串聯者但中鎗外露挾取不便且有抵刺人身之弊也然後携往山面或溪灘之廢地攤晒之就地設草廠以備天雨或夜間之放置移取菸簾時卽將簾簾相疊脥挾而行頗爲便利至乾晒法卽將顯肋之正面向陽就晒次日亦然至第三四兩日翻晒背面若遇驕陽暖烘氣候燥熱晒四日卽足凡日光愈强愈妙而

尤以連日曝乾無間爲最美近時新發明乾晒法以乾燥草虆散布晒菸場上然後攤排菸簾則菸葉乾燥既易而色澤又佳洵稱良法究其理則布虆空疎通散能隔絕地面濕氣之上昇促進菸葉水分之蒸發大有助於乾燥之作用因其曝乾既易且速故色澤亦甚佳第當注意者陽光過强恐有變成焦紅之虞應勤事轉翻也菸葉既乾放於陰暗處歷三二小時俟其葉質稍行柔軟不至脆碎之時然後抽去菸簾鎗揭開上簾同面收疊計數作小束束束相積裝成大綑於是全功告成可以售矣

注意　查世界乾製法有聯乾者有幹乾者有薰乾者有火蒸者茲述於後以資考鏡

一聯乾法　將採入菸葉以葉柄編絞於草繩中每柄相距五六分聯成一串折摺數段着地堆集於屋內使其醱酵腳葉約經一晝夜色變爲紅於是取懸日中令其乾燥初時聯與聯相接不令速乾經數日漸次離開曝於日下再間兩日則又接疊蓋以草藁如斯五六日取行地乾法卽於曠場廣庭間散舖麥稈將聯串之菸晒列其上夜則取運屋內以防雨露之侵濕苟遇五日連晴卽可完全乾燥中葉則須堆集五六日頂葉尤當七八日務令充分醱酵變成紅褐色爲要乃取懸晒於日下夜仍覆蓋草藁等物約經週餘轉移於屋內而使陰乾如係中葉且須以手展理平直是謂展葉旋又

堆積醱酵再行乾燥此法多行於日本吾國他縣雖有行之却無如此精詳耳

二幹乾法　行此法者初時中下部葉亦用聯乾惟至全體成熟則切根刈之於其下端穿一小孔以竹條串之懸於室內使其陰乾平時洞開窗戶流通空氣若遇霪雨不休則閉之以防濕氣之內浸且室中備火不使溫底濕高又天日久旱空氣過乾亦須給以濕氣密閉窗戶而不使與外界相接觸也如斯乾燥得法少則二旬至一月卽可完畢至是取暴夜露一二小時由莖摘下歸別等級向陽晒一二日展理其葉使堆積醱酵不數日又乾之卽可得香色俱美之菸葉矣

較前二法所乾製者爲佳惟惜始終除乾乾之不易精詳處理處理亦難此法日本多行之

三薰乾法　菸葉初時亦用聯乾或幹乾法乾及半然後置於密閉之薰菸室中焚以松杉等材先時徐徐薰之經數日後乃用武火薰菸約五六日菸葉乾燥而色亦變矣於此大開窗戸使菸葉吸收濕氣若不然初時不用聯乾幹乾等法半乾之則可直入薰菸室內令其陰乾乾及半接行薰菸亦可乾燥後令其通氣及稍形柔軟更展理葉片而堆積之終仍向陽晒乾由此所得之菸葉有菸臭氣非成嗜好者不喜吸食此法日本亦有行之

四火蒸法　此法歐美人多行之原用火力或氣熱乾燥須特製乾燥室室中築地床下通鐵管以火焰或蒸氣導入其中雖築室之費較鉅而乾製一準學理時日既省品質亦佳爲乾製法中最完善者法以菸葉懸置於室内即用火力或蒸氣由鐵管導入使達華氏九十度經三四小時後增高火力氣溫漸昇至百二十五度又數分鍾洞開窗戶令溫度下降至九十度則葉復轉生色矣於是關閉窗戶再令溫度漸昇歷三四小時使達百度又經四時後每過二小時則增溫二度半使溫度由百十度而昇至百二十度如是乾燥六時至八時間若每過一小時又每增溫五度直達百七十度時

則菸葉之中肋亦已完全乾燥矣乾燥後洞啟其室凡一晝夜卽二十四小時因菸葉自外吸收濕氣而復轉柔軟已乃移置他室堆疊床臺上覆以草薦使醱酵久之取別其葉且展理而乾之以二十片爲一小束束束相疊裝諸箱內可矣

綜上四種乾製法皆須乾燥與醱酵二者並重蓋乾燥之目的乃攝除其水分以防腐敗者也然而菸葉所貴重者尤在色美質良如此故不得不尙醱酵矣醱酵爲一種酵素之作用其利益有五(一)使尼古丁毒質減少(二)消滅無用之糖分(三)增加阿母尼亞之芳香體(四)顯出固有色澤(五)發生佳良香氣是也

又若菸葉品質之本劣者亦可當乾製之際而改良其質性也如加砂糖汁液則可使硬脆之葉質變爲柔良投肉桂安息香丁子油等則可以增其香味噴布硝石灰酸加里或醋酸加里等之溶液則可以變不易引火之菸葉而强於燃燒又葉色之不美者以硫黃薰之卽美氣味之臭烈者以芳香阿母尼亞氣蒸之卽香此皆改良菸葉質性之方盛行於歐美變劣品爲上質獲利無算焉要之菸葉品質之高下大有關於乾製者明矣然則本邑之參攷新法研求精進亦豈容緩忽乎

品質

菸草品質隨氣候土質之天然栽培製造之人工而異本邑產品以穿巖菸爲最其地在西鄉距城五十里所產之菸草葉質細密油分較豐能於日光下收捲不碎而又色美香濃誠屬良品惜所產無多是蓋由於土質與氣候之天然也至於鑑定品質本無不易法則要以合於銷場人工之嗜好爲準茲列近時通行之鑑定六要目於左

一菸味　菸味濃淡不一隨人嗜好各有不同然過於辛烈者有妨腦力宜不爲世所重

二色澤　葉色以褐黃爲上黑暗黃綠褐等色皆下品也所生葉上下部位不同其色亦殊故中葉實勝於上葉而下葉尤

不能速

三燃性　菸之燃性俱有引火保火兩性能者方爲完善凡遇火而易燃既燃而有經久者必其葉脈之纖維緻密內含鹽素量少而加里量多者也否則既難引火又難經久然則肥菸之料不可不豐施加里質之草木灰而少用鹽素質之人糞尿也益明矣

四香氣　葉色褐黃而濃者其發芳香也必烈綠則放臭實屬最下之品

五菸量　菸量以多爲貴反之必有燃燒質在內而香氣亦惡劣矣

六灰色　凡菸葉之良者燃燒後灰色必白是以菸灰之近白色者概爲良品黑褐者實最劣也

銷售

本邑菸葉向由就地小販採購集屯摘除菸柄俗稱菸浪頭更歸別等級整理疊束之俟烟商或自行轉輸於本省各市埠大小烟鋪銷售如杭垣最有名者爲宓大昌烟號購得後混和廣福與四豐等地所產之菸切製爲元奇呈奇白奇等名以供人之購買吸食焉近有運至上海紙烟廠銷售者頗受歡迎至其價格以本地論之由他處需用之多少緩急年有高下時有漲退不能定爲準則大約以近數年而觀則以金黃鮮明質地堅緻之俗稱腦菸者

爲最高平均可二十左右銀圓百觔云

綜觀本邑種菸之特點確在地土相宜氣候適應而其施肥方法亦頗合當如多施焦泥灰爲適性之加里肥料油餅穢泥糞尿等則以補助其他成分之不足也不言中已切合原理此所以他處遷植終未得如本邑之良好也故其所產之菸葉色鮮黃菸味芳香質地緻密燃性佳良世莫與京焉但乾製法中之乾燥與醱酵學理手續殊欠研究取種管培亦乏精詳願父老借鑑他法速圖改良

第四篇　茶

會稽山茶以日鑄名天下剡錄載日鑄寺僧言左右巖隖能幾何

茶入京都奉臺府供好事者何可給蓋取諸近峯剡居半然則世之烹日鑄茶者多剡茶也新昌於吳越王錢鏐開平二年割台分剡置邑東北一帶古號剡東西鄉則爲剡南產茶素富東南一帶毘連天台高山所產之茶又與華頂山雲霧茶相類近年產額歲計三十餘萬元雖由氣候土性之適宜而土法農作亦自有足稱者語曰十年之計樹木而樹茶之利則不待十年四五年後枝幹繁密每株至少可采生葉一觔以每株佔地三尺計之每畝可植四百株生葉製成以三得一每畝所獲乾茶百觔以上况加意培植五年以後其得茶尚不止此耶余念近年華茶出口漸減影響所及有關小民生計每遇因公下鄉與父老悉心研究陳君石民

復助余調查茲就所得濡筆記之

氣候

茶之氣候以溫高雨多風土常潤濕者爲最善溫高則發育良好無凋萎凍斃之害雨多則地土濕潤有根芽易茁之益而尤要者空氣常須潤濕蓋茶質之厚薄茶汁之濃淡爲茶葉品地高下之判其所以或厚或薄或濃或淡者濕潤之空氣爲之是故朝露濃厚雲霧瀰漫之地恒產良茶西湖之龍井茶華頂之雲霧茶即其例也本邑產茶區域多在高山濃霧厚露之地諺有平地桑高山茶之稱如南鄉烟山西鄉遁山東鄉裏山皆產茶最著最多之處其山皆巍巍獨出者也

注意　高山雖然宜茶惟因山勢高陡土壤養分最易被雨水冲刷照印度錫蘭種法係將傾斜壁陡之地分段墾爲平台如梯田然用土做成階級並在每級之上首開挖深坑儲藏肥料以便大雨之後乾旱之時施工培壅吾國種茶山戶往往墾闢高嶺不知修築工塹以致高山之茶日瘠茶味日薄反不如低山茶之佳誠能分級作塹復於地外順傾斜之勢開溝用石塊砌平俾雨水由溝直下則土內之養分可以久留

辨土

本邑老農相傳地之據高面陰土之帶砂黃泥植茶之適地也次

之則爲細砂黑土香灰泥等云云

注意　據近時一般學說謂茶樹生長最良之地爲碎質黏土與黏質壤土二種其表面且須含有少數礫石及其他腐植質多量者陳君石民告余伊親歷龍井茶地爲高山峻坡其土泥中混砂水分充潤却不見其過濕土色黄褐而肥沃該地人民指爲植茶眞地與本邑老農謂適於帶砂黄泥者所見畧同要之土色黑褐含有砂礫其成分中多二酸化鐵者概爲適茶之土地兹列舉最良土性所具之要項以爲父老考鏡之資

一地土稍深而表面極柔軟者

二有黏力而不固結內含碎石及樹根枝葉等之有機質者

三既具保持濕氣之性且又利於水之排洩者

四土壤成分富含有機物質而窒素燐酸石灰三者之無機成分蓄之尤多者

五下層土壤不滯地下水而其所含水分又能全面均一者

品類

吾國素來視茶祇有龍涎雀舌等品名並無所謂品種茲將本邑茶之種別列之於左

一白毫尖　爲茶種之特等者葉面毫毛皆呈白色質厚且軟味汁俱佳

二紅芽茶　葉芽柔嫩緻厚且具紅色亦上品也惟其種不繁所覩無多耳

三起蕻茶　葉芽起蕻頗繁又皆柔嫩雖採期多延數日亦不老硬故尚不失爲佳品之目也烟山遁山二地所植者多屬此種

四對爿茶　是種葉芽發生僅有二爿同時相長葉量較少質亦不甚良故爲品種之次

選種

六七月之交茶樹生第二番新芽時有花蕾生葉際狀如粟粒至八月蕾狀漸小如豆九月如青豆遇寒暑表至七十度則花蕾漸

放矣蕾有雌雄雄多而雌少香氣清美花瓣有之葩四五葩者開時多向側面下面開三日許即漸結實（遇雨一日則腐敗故雨多之歲結實者少）晚秋茶子成熟（周圍多皺紋子帶黑色者未熟）殼中結核一二顆或三四顆一二顆者發育不良以三顆者爲佳乘其外皮未裂時采而種之

注意　凡須采種母本宜勿摘葉使自根所攝養分盡供花實之用特施栽培養成健本母本壯而子實未有不良者也

播種

白露後茶子熟時即采即種法將土地深耕使極鬆碎整成畦形畦上酌開條溝連殼播入溝中是爲條播覆以焦泥灰再加細薄泥土以種粒不露出爲度否則播種過深覆蓋太厚不易發芽至

翌年立夏節前茶苗自生乃以混水之稀薄人尿澆之頻除雜草旱則灌水且不時删除弱苗施以薄肥及長漸可加濃如此直至第三年之春苗長一尺左右可以拔取每四五株集成一束而移植於茶園矣

注意　冬季播種寒冷過甚種子若不健全發育難期完美莫如採種後混以川砂盛大瓦缽中擇温暖高燥向陽處所掘穴連缽埋藏上蓋尺厚泥土俾無寒冷之虞又有催芽之益至翌春清明節芽已萌發如針取出播種較爲完美倘能育苗於温床温床構造可參照前篇烟草揚床法管理既便秧苗尤佳也

移植

茶樹爲深根植物之一移植之先必須將茶園深耕俾得遂其發育如遇黏濕之地且須設畦開溝使其易於排水整理完竣每相距尺餘掘穴施入腐熟堆肥以泥土拌勻將苗根殘枝剪除每孔植一束卽四五株植時須以手微搖其幹使根土互相貼着繼乃培土務期堅實如係山地可傾向山之下方斜種於穴中庶入土較深也

耕耘

茶苗移植後每歲春秋耕耘兩次意在芟除野草甚屬簡單

注意　種茶地土必使極鬆須土脈易通根株易達乃能使

其枝葉茂盛印度錫蘭雖栽種已久茶樹必於春秋兩季將茶樹四圍地土耕鬆至三四寸深至冬令復將地面翻起極深若遇土壤不易發生根株則必掘成深而且狹之溝俾空氣易達所種之茶易於暢旺大概翻土之時隨手培壅樹根務令土塊大小間俾雨水易於滋透願我父老速圖仿行

施肥

吾國植茶老農恒稱茶樹無須下肥其實不然在新開之山種茶有天然地力固無俟施肥迨歷年既久地力告罄茶樹日就凋敗茶味日趨淡薄勢不能不講求肥料本邑施肥係於每年茶葉之摘前摘後施油餅末焦泥灰或羊猪牛糞等一二次

注意　攷茶樹之肥料以化學成分言之窒素燐酸加里三大要素以及石灰苦土硫酸鐵等爲最適石灰苦土硫酸鐵等地中含之有餘不必加施但就三大要素上配合施與之可矣惟茶芽年摘數次消耗必多若不廣爲補給烏能望其產量之豐美耶據他邦試驗堆肥生草等有機質肥料能改良土壤保持水分糞尿豆粕等動植質肥料能滋補植體發育枝葉而於茶樹之生長又皆卓成效且施之愈多則其收量亦愈增加葉形大肉質厚光澤明媚氣味馥郁若混以米糠味且含甘蓋米糠富於燐酸質施之西瓜瓤美味甜其用正與此同惟施前應浸水一來復以溶解之耳至其壅施方

法冬春兩期宜深夏秋二季宜淺均須不直貼茶根爲要大約春期發芽前施入人糞尿油粕米糠等謂之芽肥意在催助茶芽之發育伸長也及至摘采前四五日更施速效肥料之人糞尿主在充潤茶肉顯明光澤是曰着色肥第一次摘芽後壅施人糞尿油粕米糠等相混之肥料以補之及至夏季刈取青葱雜草散於株間防蔽水分之蒸發入秋後鋤起根傍之土將草類埋入土中同時更施以多量之堆肥油餅穢泥塵埃等計其所施分量以地之肥瘠樹之强弱各有不同如此作四回壅施實最完善至若施肥位置少時宜近根株施之漸長則漸遠尤以輪狀爲佳輪狀者沿茶株之周圍

相距一尺左右處掘輪狀溝肥施其中以土蓋之茶株之大小皆可應用如此庶無偏補之弊而有共沾之利也

管理

本邑植茶家自茶移植後任其生長從未見有何項之管理者不過樹梢太長每於採茶時折去之以使枝條之繁發而已芟草雖勤却因種植間作物如玉蜀黍（俗名六穀）豆麥或甘薯等之故亦非全爲乎茶也

注意　本邑種茶家於茶株之理亂枝條之短長向所未問茲特述其要項於下以資仿行當茶樹移植後幼壯之時夏旱灌水深秋防霜冬至施寒肥如穢泥塵埃等既施後培上

根旁之土較平時高厚藉以防寒也至翌春除去之並潔掃根株及其老時根刈台刈謀復樹勢根刈者自根切離以圖繁殖也台刈者剪截幹條使發新枝也蓋皆返老還童之作用也至欲品質之優美收量之豐盈又當使茶樹之發育無良惡之偏所受之光露有同等之利是則整枝之法於以興矣整枝者以剪刀整理其枝之謂也其形式雖有圓形弧形山形角形之不同而弧形整枝實爲最善焉初年目的僅在整形至後則去衰枝删密條樹形樹勢因得永久保存者也又若珍重茶芽肉質鮮嫩非施相當之覆蓋一旦遭遇驕陽之猛射烈雨之暴擊嬌嬌弱質纖纖嫩芽其堪受之乎故有

造棚作棚以避其害上覆簀蘆初芽時晝捲夜布成葉後全行圍蓋其用意又近於軟化也及可採摘使遇數度雨露或灌適量水濕則其葉汁之美妙風味無與擬其倫矣此法雖甚精密不易仿行然欲產獲良葉則亦烏可不格外注意之耶至若虫類茶尺蠖蛀心虫爲數皆不甚繁害亦微小若能清理根株以及避施貼根肥料決不至發生大害也

采擷

西湖龍井有所謂明前茶採自清明之前又有所謂雨前茶穀雨前採之明前茶一稱壽眉葉僅一枚極柔嫩雨前茶又曰旗鎗葉有二枚一展似旗一捲似鎗皆以象形命名焉至於本邑採茶穀

雨前或有之而清明前絕少見焉大約以茶樹移植後四五年枝條繁長已足乃可採葉其採期過早芽雖柔嫩而其量却甚少故本邑植茶家以立夏前採摘爲最盛也其時所採是謂頭茶茶樹棵中採之惟淨每人每日所採以熟練與茶之大小而異約五六觔至十數觔不等採後經月餘茶芽復萌又從而採摘之量較前次爲少其質亦不如前凡欲其枝條豐盈樹勢常强則二次自以少採爲宜概在夏至行之是爲二茶三茶採者極少蓋茶摘三次必易枯倒故諺有摘三茶犯天罵之語是卽本邑採茶之大畧也然採摘時期因氣候之寒暖而異採摘數量以發育之强弱而殊本邑植茶家於此以欠關心一任外來之勞働如天台婦女等絕

無責任觀念儘管雜採折故樹勢萎頓極爲迅速樹形偏歪頗非美利業主應支配茶地人數特設是項獎金勵其慎到則彼輩自不專以量分爲事矣又若供製上品之茶則採摘宜早宜嫩而葉芽宜少回數宜多稍老者且勿取之又應詳慎而不損其葉腋間之腋芽爲要恒當天氣晴明之際雨日不如以茶葉水分過多製造難佳故也肩垂籃而採摘用拇指之爪與食指之腹行之老練者左右兩手皆能採摘且極神速籃容滿則移置於陰暗樹下或無陽光照射處用濕布蓋之務須當日運回製造間乾燥蒸鬱業者亦應注意防之也

烘製

茶葉品質之良否大與製造有關製造若良則品質自無不善矣吾國近年出口茶業日形減少亦徒因墨守成規不知改良製造之法故耳是以茶之製造一項極屬緊要本邑舊有之製造法即於當日採摘至家先築有竈是爲茶竈鍋位斜向內方高平腰外方超築人首左右兩方自外而內斜如拋球綫形適似一斜深山谷鍋居中凹火口橫開在左右之下通常以二竈連築爲多初火猛烈令鍋微紅每鍋約入青茶三觔之數不時以手攪拌或用棒叉代之亦可惟其迅速不間斷爲要否則恐有焦爛之虞矣漸次火力低下以茶熟質柔能不黏手叉無彈性之時取出置於籩內着地用手或足竭力搓揉約十分鐘黏質外泌葉片蜷伏爲止散

攤於簟內迄翌日或間數日有暇時重行下鍋炒之此時火力不必如前次之猛烈矣文火慢燒從容炒拌既用鬆散以洩其水氣又行鎮壓以促其蜷曲同時且揀去粗大之茶梗及後體積漸小乃可合數次爲一鍋以再炒之火愈文而炒亦愈緩鎮壓並較鬆散時爲多大約至質燥形團不致還潮敗爛時方可至若因氣候潤濕而轉性當常時復炒用手鎮壓而徐徐推轉之又如初時採歸青葉當日無暇遍炒萬不得已時可薄攤於陰暗潮濕處俟明日炒之可也或第一次炒去水分後如無閑日可用攤晒法向日攤晒就乾昔時頗多用之惟如此法所乾之茶其色光終屬木鈍而不佳耳茶葉炒乾後若不即時出售務須炒得極燥盛入特製

之布袋內將其袋口緊密纏束以防其捲葉展伸而有重炒之弊也乃排疊於樓上高燥處貯以待售可矣又茶葉初時製成飲之頗有澁味可用石灰或木灰填充缸底將盛有茶葉之袋壓置其上經數月一換二三換後澁味既去乾燥亦甚也欲嘗良茶風味者亦應注意及之

注意　外國製茶之法附述於後以資考鏡

一綠茶製造法　綠茶一名煎茶不與醱酵故其色綠或黃其製造手續可分三條述之

(甲)蒸熟　蒸熟之目的爲除去生葉之彈脆兩性使易於搓揉而生特別之香氣者也茶葉摘下後即以竹篩篩去塵

埃雜物每生葉半觔左右盛一蒸籠蒸籠竹製最上籠有蓋乃疊蒸之於釜上釜築於竈內盛水燒至沸騰方可載上其溫度普通約攝氏八十度至九十度有時達九十五度者既而揭去籠蓋以長竹箸攪拌茶葉攪後即蓋屢攪屢蓋約經三四十秒鐘時茶葉柔軟微現籃色且生凝黏氣質能附着於箸上之時即可將葉自各籠取攤於竹席上用扇揮之使冷及水分已散爲止否則水氣未散必致醱酵有害其品質也蒸熟之法雖不外此而其關係實屬艱重實驗家久練得法方能合宜此即岳武穆論兵之所謂先陣後戰兵法之常運用之妙存乎一心者也其理亦

豈有異乎凡茶品良惡固由於樹種與生葉之優劣爲準然蒸法不得其宜雖佳茶良種亦且變爲惡劣之氣味矣可不慎哉又蒸葉之時間當按葉質溫度分量等而分久暫故難一定要以察其色味與黏着力之適否爲度耳製茶家有言曰蒸茶葉必生香氣初時出者則臭繼而臭氣除盡轉生香氣當此時卽行取出否則久蒸不取及香味散盡則品質大損矣又若過早而取臭氣尚存香氣未出亦所不宜故其手術頗不易言也

(乙)乾揉　茶葉蒸畢使其冷却冷後卽可運至焙爐場行揉揉及乾燥之手術行此之目的在使茶葉發生香色適度

蜷伏投之湯液易於浸出成分而已其焙爐構造各有不同通常以縱長三尺橫寬六尺平高三尺五寸者爲適內部上廣而下狹黏土塗其內壁外亦泥灰敷之下有火門置入木炭引火燒之燒及半蓋上稻藁則燃而變灰壓載炭火之上故無火候倏高倏低之虞於是爐上橫架鐵槓二三條又鋪以鐵或銅製之組網上載焙茶箱箱係木製形方而底面更張厚紙入以既蒸之葉入葉多少以箱之大小寬狹而定入葉後攤散平鋪且將葉片上下左右勤爲翻拌使水分均平蒸發及茶葉已現萎縮乃用兩手徐徐搓揉既搓既攤殆其漸次乾燥然後可用力揉之搓揉

時須常保攝氏八十度內外之溫比及茶葉乾燥呈黑褐時即可由焙茶箱中取出擴散使冷既冷復入箱焙之俟葉熟而有黏着力時乃取擴於台面重行搓揉稱爲二度搓凡茶葉伸捲之美醜全在此次搓揉之適否故二度搓之於製造實爲緊要也及茶葉之水分減少呈綠黑色又移入於焙茶箱內溫度比平時宜低否則有焦灼患矣如此注意搓揉反覆可甯必生粉末另行分出迄充分乾燥乃可收藏密閉也又搓揉有特製之搓揉器其構造大致爲圓筒形鐵製中央有軸圓筒內面又列有齒茶葉不時輸入筒內旋轉中軸則齒摩茶葉而排出其下同時置用

火力蒸去水分以此器械搓揉既無害茶葉之品質又可省工力之勞煩法莫善焉外茶質美價廉營業勃進亦無非利賴機械之力耳吾國工業幼稚機械不易購辦是固同屬可歎然而吾國吾邑之植茶家其可因此而不猛省哉

(丙)精選　如上製成之茶頗有大小之差宜用數種之篩篩之篩目最大者約五分篩去殘梗粗葉次第用篩篩下選別其等差歸納其大小若其茶質尚欠乾燥又當照前乾燥之至此貯藏器中可矣惟欲輸出外洋更須再製所謂綠茶再製法是蓋洋商必須極分乾燥色香俱美者方易

銷售其法先將鐵釜置火上以茶葉投入釜中焙之至投入茶量仍以釜之大小而定火力不文不武且不時以手攪拌切勿少停約經五十分鐘水分蒸發淨盡葉色轉變白灰狀然後移入另備之冷釜中歷二十分鐘取細篩篩去茶末即以完全乾燥如能加用柏林青即德國籃酌量配上色素名曰着色茶尤爲洋商所歡迎也此係釜焙法另有用竹籠焙之者其法大同小異故畧之近時製茶機械發明甚多自蒸熟以至製成悉以機械爲之力省費少質美可愛故其暢銷也宜矣

紅茶製造法　紅茶之製造與綠茶大異重在醱酵而不

用火力蒸熟者也今分五條述之

(甲)凋萎　採入生葉鋪於簞或席之上向日曝晒常以手上下攪拌使其受熱均勻其晒時之短長雖由葉質之硬軟水分之多寡日光之强弱等而異大約以二小時內外檢其茶葉已失彈脆兩性時爲宜凡其葉柄柔軟曲之而不斷則爲已失脆性之證手握其葉鬆之而不反撥復原則爲已失彈性之證至是卽爲凋萎之適度過與不及均有妨害不可不慎焉又若天公不美採下無日而遇雨或受日光未足忽逢陰雨之時則均可散鋪席或簞上以火爐焙使凋萎亦可

（乙）搓揉　完全凋萎後移置於堅木特製之揉葉台上迴旋揉捻已乃解散結塊乾於日或火中如此行之一再品質既良伸捲如意切忌鋪於藁席之上搓揉蓋恐收吸其汁有損茶味也

（丙）醱酵　搓揉適度卽行醱酵此爲紅茶製造中最緊要者也發香氣美顏色皆賴行此手術而成如當醱酵之時一遇水蒸氣則色香俱失大有損敗矣故製紅茶不以蒸熟而以日光曝使凋萎者此也其醱酵法分二種一將所搓之葉入於淺籠中蔽以乾燥白布向日曝晒一則將葉入籠重重壓之其上以蔽白布惟此二法均須時時反覆以

使醱酵均一至其內部黏集成塊葉現紅褐色時卽爲醱酵適度之證其醱酵時刻雖由溫度與茶質而異大約在攝氏三十五至四十溫度時只須一小時可矣如其醱酵不足者必生臭氣過度則香味減退而帶有酸澁之氣均非所宜也故一當醱酵適度之時卽將其茶塊碎開則醱酵立止並稱曝於日光使蒸發去水分而搓揉之曝乾後茶葉之綠色盡失而全葉變爲深褐色矣

(丁)乾燥　以曝乾之茶葉焙於爐上行乾燥法其乾燥器通常用高二尺五寸直徑二尺之圓木桶桶內可放竹製之籠竹籠中盛入茶葉乃將此桶置爐上以文火焙之並用

手轉反數次俟葉已完全乾燥卽行取出

(戊)選別　選法亦如綠茶所云先用大眼篩篩去粗梗老葉次再分別等第可也

此外雖尚有多種製造法終未若紅綠茶銷行之大且不合普通應用故槪畧之至上舉二法亦不過說其大要爲入門之引耳若夫手術經驗全在熟練而成古語云熟能生巧萬事盡然此中自非筆墨之所能形容矣况近來他邦製造日日新奇蒸蒸日上吾人果欲發展其業不得不從事於學理實驗專心致志互相切磋發明改用製茶機械以圖其精益求精耳不然徒羡魚美不返結網亦何益耶

第五篇　朮

按爾疋釋草楊枹薊卽白朮也莖高二三尺葉對生有毛花紫紅色皮微褐肉純白始見於高山大阜榮榮枯枯華華實實吸天地自然之菁英氣味香厚曝之可爲藥古人珍之庾肩吾朮煎啟曰綠葉抽條生於首峯之側紫花標色出自鄭巖之下楊侃詩結芳野客前溪住採朮幽人絕頂行方千詩雲迷收朮路雪隔出溪時秦系詩霓裳雲氣潤石徑朮苗春彼時蓋少種朮採野生者用之自醫家儕朮於參利用日普野朮不能給採山朮種爲種朮藉圖厚利輾轉相傳遂成地方出產吾浙亦以朮爲特產品也最著者浙西舊杭屬爲于潛朮浙東舊金屬爲東陽朮台屬爲仙居朮而

紹屬之嵊與新接壤近今鋭意研求駸駸然欲駕而上之至新昌雖山鄉僻處數百年來農產品除烟繭茶外則亦以朮爲大宗每年出口約計二百萬之譜分銷於內地每觔價值因年歲有豐歉市價漲落不同最高或三四角最低或一二角比年南北紛爭商業停滯而朮價竟跌至八九分卽就近年計算尚可達二十萬元且查二十六七都方口田西小將南洲一帶土質肥沃種朮之法悉仿於嵊所產之朮愈見圓大內有菊花心較嵊產有過之無勿及焉茲將農作之法調查於後

選種

(一)株選　株選者就集約而言其法以育成之朮苗詳加檢察如

莖葉不甚發育者隨時芟之其餘所培樣朮苗至季夏莖葉發育已足則生紫紅色之朮花苞名曰朮鈴外皮如魚鱗狀察花苞之圓綻者每株留七八九朵餘悉摘去閱時復生則復摘縱以全株養分灌注於所留花苞則發育益盛老農斯時預防虫害卽用人溺遍灑花上庶免虫害此係實驗所得之之秘法屢試有效若用石油乳汁暨化學上殺虫藥品雖較勝人溺而基金太重種朮人無力購買不如人溺之易得迨秋末花萎朮鈴上生一種白芒日光一曝形若蘆花隨風飛舞而朮鈴中已子房分裂朮子成熟矣

(二)子選　子選者擇天氣晴朗將樣種之朮連幹拔起用稻藁分

束兩股爲一揭朮子在節復易生虫先浸水中二三夜虫自脹死然後懸掛於陽光直射之處待朮子乾燥摘落朮之形如帽纓俗呼帽纓蒂晒至節開取出朮子晒二三日用細軟毛竹枝浮手輕擊白毛盡落用團貝(竹器)簸揚使淨卽爲光朮子取其精綻去其僵癟復用米篩孔略小之篩篩之在篩上者取而晒之約二日度置潔淨無鹹質之器最好以布袋盛之懸於空氣流通之處火爐廚竈均須遠避蓋朮子畏熱不畏冷也又不宜秘藏壺內恐有蒸氣（俗名倒汗水）朮子防腐且宜時常檢察如朮子欠燥連結成浡須再晒之以燥爲度然亦不可太過春日陽光太烈晒朮子時須上蓋白色薄紙迨熱氣散盡仍藏於布袋

中譬如今年孟冬所收藏者明年穀雨節播之宜早不宜遲蓋下子早朮子之放根亦早待發育完全雖經烈日不至枯萎否則根未發達而子葉已芽一經烈日則水分養分無從取給必至枯槁老農所謂穀雨子最良者此也

(三)陳子　陳子即經過二冬之朮子也糶朮子者因市價不昂或銷路停滯貯藏一週年待隔春而復售者是謂陳子其色微紅毛蒂脫落色更光滑其果實壓碎亦無水分之泌下種於地多不生芽切宜預防

(四)罨子　罨子者朮子遇水濕而蒸發者也或曝晒之時(醫家治病有冷罨溫罨受濕蒸發即冷罨受熱蒸發即溫罨)未待

冷却即貯藏於器熱暍受病此種朮子色有油光而微帶紅紫毛蒂與良好朮子相同惟少鮮活如白玉色是癟子亦宜預防也

播種

（一）土質　下朮子地先擇土性寒燥不招風之處即稍傾斜之山或地均可種殖土質不論砂土黏土香灰土均須有地層（地層即泥格）不宜夾石礫統以未曾經過種朮之山或地爲要否則亦須從種朮之後天然荒棄已過七八年者始可重行墾種究其所以然因賸根殘葉未消化殆盡一觸根葉腐氣每致萎謝故種朮之家取輪作主義非若他物可連年墾種也亦有山地太荒

老（指天然荒棄已過三四十年或百數十年者）須先種他作物一年者最好種烟葉俾地下養分風化空而爲可結態則下子放穩

（二）氣候　下子時候過早太寒過遲朮苗不耐晒下於清明節謂之清明子下於穀雨節謂之穀雨子下於立夏節謂之立夏子其中以穀雨節下子爲最適宜

（三）整地　下子時之整地用大鐵鑚或兩齒或厚鐵鋤（俗名株鋤）將山地墾轉不可太淺大約墾破地層（卽地格）爲率去其草根石礫而碎其土塊使平將草根打起晒燥再加雜柴煤灰煤灰地點必先察畦之長短闊狹第一畦應用之灰當煤於第二畦二三畦應用之灰當煤於第三四畦餘倣此灰基之或上或下或多或

少亦以畦之長短爲衡所以灰基必先排定者一爲散灰便利二爲散灰均勻既將草木之灰俗名山灰亦名焦灰坍散地上復用鐵鐨輕加疏理使灰與地面細土混合然後分畦間苗床亦有先分畦作沿爲苗床者床幅約闊四尺俾便兩旁除草足可不履苗床之上不致損害朮苗畦間約尺許長短悉依地勢再用窒素肥料即人肥俗稱大料勻潑於灰上手撮朮子撒之名撒播復用雜灰膏以人溺名家灰薄散於朮子上以不見朮子爲度復用細土遍散於人溺灰上約厚五分許細土上橫舖稻藁以遮陽光之曝烈并防大雨之傾注稻藁不必堆積過密俾朮芽易於出土稻藁兩端鎮壓土泥不至被風吹散經旬以後鎮壓土泥悉數除去被壓泥底之葸苗一

齊出土則下子整地之法畢矣

（四）施肥　施肥於下子後其主肥料爲加里（養化鉀）次爲窒素燐酸則不宜總之肥料性質過鹹者均有害前所用山灰家灰即基肥（俗名落脚料）朮芽發後閱四月察朮苗無力而軟弱者復用窒素肥料勻潑之卽進肥否則不必施肥且施肥之日須擇曇天或微雨時行之若烈日之下非徒無益反足爲害

（五）管理　下子之後朮芽旣茁雜草叢生須細心拔除復生復拔不論次數以拔除淨盡爲度或時過草大須左手壓住根苗右手拔草免致損傷或先用剪刀剪去支蔓徐拔根株　一至炎天酷暑苗易焦萎採青松毛等物夾行插之遮護朮苗

（六）病害　朮芽長大一畦之內間有黃萎者速拔去之并將所在地土掘去之若苗枯蒠爛或數畦偶見或一畦數見俗稱雞窠瘟不能將所在地土盡掘去之祇得見瘟處挖開地孔以洩瘟氣略殺傳染若蒠活苗萎連沿滿畦業如鐵色（俗稱鐵葉）最易翻芽者作種不穩此種鐵葉朮蒠其莖較完全之朮蒠爲青朮蒠之形上端較尖小四圍蒠身多芽突推其病源巖格生水之山或地多有此病然亦有傷烈風犯土熱者大抵半屬天時半由土性非人力所能補救也

（七）採取　仲冬之月朮蒠可收過早嫌氣候太熱蒠易熱蒸起蒠之法用竹爪爬爬去下子時所蓋之草以小扁齒鐵鐨輕輕參

鬆浮手拔起遂并朮崽莖葉折斷安置籃中挑歸攤開預防熱蒸

（八）庋藏　藏崽之法先將朮崽根鬚略剪整齊約留二三分許匀攤於陰涼之地不可厚堆厚則防蒸亦不可過薄薄則防乾越兩日儲於潔淨壺內中插篾氣筒上覆崽根或青松毛容積較大之壺氣筒須多用幾個最忌鹹質及酒醋器皿藏於缸內用氣筒與貯壺內同

移植

（一）整地　種朮土質先擇土有底格不招風未曾種朮之地與下子同然微有不同者朮子小而朮崽大下朮子地不宜雜有石

礫若用崽種朮地無論凝黏黑褐不妨稍混石礫俗云香灰石子油泥地產朮最堅強者此也次之爲醬板油泥又次之爲帶沙黃泥其整地之法仍用株鋤（即厚鐵鋤）墾起粉碎其土塊分開畦間約尺許畦中掘起之泥擄起成陵使床幅成牛背形既防雨水浸漬又便滲流床幅闊四尺横行掘孔四闊六尺横行掘孔六直行隨山勢區別長短孔深約二寸五六分大盤朮長以孔深之故若太淺則朮身短且風吹容易壓倒特孔深者灰料亦宜格外加足否則朮長而小反不如朮孔淺朮身短者價値之多

（二）放崽　朮孔掘好每孔放朮崽二枚或崽大價貴每孔一枚亦

可（如放二枚必中隔細泥毋使崽膚相侵）其法有直放有斜放有横放更有倒放者直放與斜放係朮家舊法横放與倒放近來所新發明者也推原其故以賣朮最忌朮身長而小若横放則朮頸曲而朮身短短則粗大至於倒放亦避朮長而小之極端也（以生理推之倒放有遏生機不如横放爲是）朮崽既放下然後施油粕於朮孔中每孔一撮油粕（卽油餅）宜粉細與朮崽稍隔離再施窒素肥料而覆蓋以灰灰上蓋以細泥以朮崽不見爲度不可太厚

（三）施肥　種朮之施肥與下子時微有不同凡朮崽下種後崽芽齊出地面草必叢生急用鋤削之一則除草二則使泥土疏鬆

朮根早放逐吸基肥（俗名削朮）閱一月復削一次至朮莖高大不可再用鋤削恐土鬆遇大風動搖朮根卽有雜草用手拔去當初次鋤削時宜施稀薄窒素肥料（俗名攏水料）大忌原質總之種朮以基肥爲主進肥其餘事也吾邑所用基肥大槪山灰油粕爲多間有用牛糞灰猪糞灰者其效力不亞油粕近來油粕昂貴一般老農夫將白荳炒熟每孔放七八粒以代油粕甚稱簡便效力亦大是亦一種新發明之肥料也

（四）摘節　朮放花苞欲樣朮子則節不可摘欲賣鮮朮在夏季初伏朮節須摘盡則朮始坐大其摘花節手續與他植物異因花苞蒂甚堅韌橫折則斷直摘多有連朮拔起者故摘花時左手

捻朮莖右手摘花苞朮根始不動搖孟秋之月須再摘一次（俗名漏手縩）而花苞不復生矣

（五）病蟲害及預防法　朮之莖葉分爲兩種枝幹細小葉瓣清秀形如香桿者俗稱香桿朮種殖最穩蘆大枝多杪梢尖小者俗稱髫脚朮容易受病凡朮病黄萎鐵葉已於第二章第六條略述之至於花朮朮身突兀不平直亦由於山地潮溫所致若虫害當分四種一曰白蟻專食朮根及皮其窠深居地層冬蟄春發人力不能掃其穴實預防之無法或旁種膏粱暗埋松木引而之他亦驅除之一術也二曰白蒔虫體白嘴紅大如三齡蠶專食朮根或內層甚於白蟻其預防法於仲冬之月先將朮地

深墾待霜雪交下泥土冰凍蟲亦凍死而土地之風化作用增許多可給態實爲兩利否則於種朮前一年先種大麥亦能除蟲因大麥氣息能殺諸蟲農家之患白蒔蟲者無論種殖何物請試驗之定生效力三曰地蠶狀黑灰色大與白蒔蟲相若專食朮芽蟄居朮芽之旁地其蟄處有細穴時將朮芽嚙落拖入穴内然穴小而芽大勢相枘鑿見朮芽塞穴口一索卽得以治白蒔蟲之法治之應亦有效其四曰蟻蝣蟻蝣卽蟻子生於朮桿朮葉之上千百成羣蠕蠕而動狀灰黑色纖細若蟣此種蟲非水不活全賴母蟻含水吐哺種朮之家一見蟻蝣慣於白朮株脚撒蝦皮末少許則母蟻聞腥屯聚忘哺蟻蝣蟻蝣燥死若

不預先設法驅除則蟻蛘漸漸長大吸葉桿之水分黏塞葉面之氣孔白朮葉桿吸燥遂至枯萎其害朮實非淺鮮

（六）收穫　秋末冬初朮實已老用鐵鑽將朮掘起連桿朮堆聚一處用别刀或鐮刀將朮桿斬落不可留蘆桿亦不得切見朮肉蘆邊如有嫩芽并須削去是謂鮮朮（俗稱水子）凡樣朮子者其結實甚小必迨仲冬始收稱爲冬朮以水子上烧根蘇朮燥謂之燥子不用柴火烧燥以日晒之謂之生晒朮

注意　冬朮作蒀明年重種若灰料加足結實較朮蒀所種者倍大惟功本太重農家俱當年作鮮朮賣者居多

朮烧

(一)焼之構造　朮焼分曲直兩様屋闊者多打直焼屋狹者多打曲焼焼曲火燄曲入焼斗焼直火燄直入焼斗雖曲焼較穩於直焼而鮮朮之易燥不如直焼造焼之法用松樹柱四根四柱勢各斜出豎立柱方約四五寸長約七尺五六寸折中低尺許處各鑿兩眼再用松樹四段因焼斗上闊下狹造成斜筍橫穿之其長除筍頭外約四尺許作成四方形橫柵之左右兩方各鑿三孔候穿橫檔以擱朮簾用泥壁塗其三面泥壁用毛竹編成用糊泥和鉸斷稻藁以足度匀粉作泥壁燥甚堅固亦不通氣檔下空近焼身一面使通火氣再穿兜火板一塊闊約四寸檔上空向外一面以便朮之上落構若倉門板式上朮則上板落朮則落板焼斗中之朮簾依焼斗之大小定

構置之簾孔宜小不宜大防小朮漏落燒身被焚長約九尺取破石平面山石砌作扁形尾闊頭狹近烧口處鑿地一塘深約四五寸以便安柴燒火上覆石扁以壓火門進尺餘許用石兩塊豎直略作劍門形不使火氣直透劍門內上面用石板鋪之外塗厚泥周圍不使出氣則火有力而朮易燥

（二）朮之烧法　朮未上烧俗稱水子一以朮含有水分故稱水子上烧火候不妨稍猛朮熟火候宜緩若火氣過於猛烈朮皮煞時乾僵朮內水分依然水分因熱而漲漲則發洩一發洩則朮皮破裂而朮心空矣即爲廢朮非老烧朮手易犯此病凡烧朮烧至底脚根蘇將朮卸落推之謂之推頭毛推後揀朮之生而

大者先行上烧頭烧署燥之朮放在上面至半燥又卸落推之謂之推毛再揀再烧直至朮身燥足取草薦一領覆蓋朮上使熱氣回透朮心然後揭去草薦落朮於烧用鈍齒鐵鏟竭力推打打透則朮愈胖而色愈佳若烧未燥足待朮發花覆烧則燥朮之觔量減少故烧朮貴一次卽烧燥也燥朮最忌春風（春者蠢也有蠢蠢欲動意）春風一次卽燥朮亦發花宜於冬季曬後用槀薦稻槀包之以防發花烧朮之柴以椈樹爲最因燒椈樹火光幽而火力足如無椈樹則桑樹及一切雜木均可用之總之柴火光焰太猛烈者不宜烧朮

（三）出銷　落烧之後將燥朮揀分五等最大一等爲峯王次之第

二等爲峯貢再次第三等爲頂貢又次第四等爲淨貢第五等爲淨筋大約自峰王遞減至淨筋以每雙百觔計算每減一等少賣銀元四五元之則朮行家亦以市面爲增減

(四)銷售地點　朮之一物爲內地藥舖所必需凡吾新之所出者大約朮之峯王多銷行於湖南峯貢頂貢多銷行於廣東四川淨貢淨筋多銷於天津牛莊生晒朮多銷於本省每年出貨又不過居焼朮二十分之一故晒生晒朮者恒少

注意　朮之功用供藥用主治風寒濕痺死肌痙疸止汗除熱消食作煎餌久服輕身延年不饑以其性甘溫北人服之尤宜又薰燒其根可以驅除蚊虻並爲殺菌之用惟陰虛燥渴肝腎有槷槷

動氣者
弗服

第六篇　鑛

民國五年間本邑西鄉看牛灣地方發現鑛苗名曰弗石卽學名Fluonite和名螢石大抵雜於片麻巖石灰巖等之卝脈中爲之一方體之結晶亦有成塊狀者五色半透明或無色透明用途爲金屬卝質之濬解劑乳白玻璃之原料磁器之釉Snmiuvw電氣製練時亦用之熔之得弗化水素美麗者可爲裝飾品不得比於翡翠寶玉者質脆易破裂也此卝吾國不多見本邑自看牛灣發現後六洞崗五脚爿大坂葫蘆壽飛鳳山陸續勘出卝商何競明錢瀝山黃菊如等相繼呈請開採行銷東洋每噸在大坂得售日金三

十五至五十元因弗素多寡而異日本所產弗石弗素成分在百分之十五至四十五丙辰年該國弗價最貴三十五元本邑所產者弗素成分百分之四十至六十有奇丁巳戊午二年何競明在上海售華銀二十二三十三元寧波交貨十九元零由其卝質佳挑選淨包裝又復得法也未幾東滙奇跌日金百元祇抵上海規元四十四兩日人業此者罔不失敗行銷頗難不得已暫時停工查此卝質應有五金卝質伴生本邑未有所見惟見有極細膩如粉之白泥各種瘡毒搽之便愈百發百中弁可爲天然眼藥其黃色者亦然不過不如白者之尤佳開采暫用土法

勘誤表

卷	頁	行	字	誤	正
首沈序	一	十三	三	羲	義
首金序	二	七	韻蘭下有遺命二字		
首金序	二	八	三	賫	獲
首目錄	一	六	水利隄磯下有池字		
首目錄	十	五	一二	金石	卷十六
首目錄	十	六	一二三	卷十六	金石
一	十一	十七	火爐橫五里下有又東二字		
一	三十三	二十九	二十	味	昧
一	三十三	三十一	五	網	綱
一	三十九	三十二	三十	叉	乂
一	四十	五	五六	之戴	戴之
二	二	二十四	五	抑	仰

三	八	二	九	曰	白
七	二	九	二十三	目綱	綱目
十	三	十四	八	即	兩
十	三	十八	十之十二	人請爲	以爲請
十	三	十八	十六	已	出
十一	六十一	十一	五	臯	臬
十一	六十七	十一	二十一	囚	仇
十一	六十八	四	十一	其	於
十一	六十八	十四	二十一	浚	俊
十二	十	一	爲銘下有墓字		
十二	十六	十九	員外下有郎字		
十七	十四	七	二十五	於	之
二十	四	二十九	七	辦	辨
農事調查	一	三	三	縲	嫘